U0895167

一位中国学者的世界话语
一堂继往开来的哲学课

文明的引领者

WENMING DE YINLINGZHE

杨中有　著

中国文史出版社

图书在版编目（CIP）数据

文明的引领者 / 杨中有著. -- 北京 : 中国文史出版社，2022.1
ISBN 978-7-5205-3112-2

Ⅰ. ①文… Ⅱ. ①杨… Ⅲ. ①读书笔记－中国－现代 Ⅳ. ①G792

中国版本图书馆 CIP 数据核字(2021)第 163731 号

责任编辑　牟国煜

出版发行：**中国文史出版社**
地　　址：北京市海淀区西八里庄 69 号院　邮编：100142
电　　话：010-81136606　81136602　81136603（发行部）
传　　真：010-81136655
印　　装：北京新华印刷有限公司
经　　销：全国新华书店
开　　本：710×1020　1/16
印　　张：16.75　　　字数：150 千
版　　次：2022 年 1 月第 1 版
印　　次：2022 年 1 月第 1 次印刷
定　　价：69.00 元

前　言

家国复兴，春风化雨，催生蓬勃的文化自信，才可能有一个中国学者的世界话语。

立于中华民族伟大复兴的场景，面对世界百年未有的大变局，以“轴心时代”的名义，汇通人类智慧前沿认知，与世界文明对话。

与世界文明对话，评论西方学者代表性著作，必须确立一个可以共同信奉的原则或准绳，那就是“轴心时代”的经典，是哲学高度的原本性理念。其基本内涵可由张载的四句话简练表述：为天地立心，为生民立命，为往圣继绝学，为万世开太平。

人类文明的前途如何？世界由什么引领？作者本着“尊道贵德”的宗旨做了如下纲领性的回答：哲学引领世界；东西方哲学交替性地引领世界，牛顿力学时代由西方哲学引领，量子时代由东方哲学引领；哲学在宗教之上。

进入量子时代是人类共命运的时代，必然认识到“哲学引领世界”的主题思想，也必然会转换到“东方哲学引领世界”的范畴，“执大象，天下往。往而不害，安平太”（《老子》三十五章）。我们再强调一下关于“轴心时代”世界公认的两个判断：“轴心时代”的思想是人类赖以生存的主要精神财富；每到历史的转折关头，依然会燃起火焰照亮人类前行的方向。现在与将来，东方哲学复兴之火焰已经燃起闪亮。人类文明的每一次伟大复兴，全然是对“轴心时代”的回顾与“复归”。

所谓“轴心时代”，最早由德国哲学家雅斯贝尔斯提出。他在《历史的起源与目标》一书中写道，公元前 800 年至公元前 200 年是人类文明的“轴心时代”，当时古代希腊、古代中国、古代印度等文明都产生了伟大的思想家，他们提出的思想原则塑造了不同文化传统，并一直影响着人类生活。

与世界文明对话，评判古往今来的文明史，不能脱离人类智慧的前沿认知，并纲领性地把握、融会到“轴心时代”的思想体系之中，这就是作者所倡导并起手构建的“量子诠释”。“量子诠释”的定义是：以人类智慧的前沿认知及成果，如量子力学、相对论、天体物理学等，作为训诂学和诠释学应答时代的新的形式与内容，发挥哲学“执古御今”继往开来的作用。“量子诠释”的提出是缘于作者在学习科学知识的过程中，从原本上、根源上总结了哲学与科学的相关性：哲学是科学的纲领，科学是哲学的展开形式，哲学引领科学；一切科学公式都源于哲学的“抱一为天下式”（《老子》二十二章）；科学思想是由

“道大，人亦大”的核心存在生发而出。从学问的视野观察，中国哲学是关于天道与人道的学问，是一切学问的纲领，引领科学、艺术、经济……持守“轴心时代”的思想境界，把握人类智慧的前沿认知，此两者一以贯之，讲好命运共同的世界话语，“玄之又玄，众妙之门”（《老子》一章）。

与世界文明对话，必定要确立具有主导性、普遍性的传承“往圣绝学”的概念形式。比如“道大，人亦大”，源于《老子》四十二章的宇宙“生论”和二十五章的“道大，天大，地大，人亦大”。东西方哲学都是在寻求和确立宇宙人生的核心存在，寻求文明起源与发展的根由，即所谓存在的存在。“道大，人亦大”由量子诠释表述：人生是宇宙人生，生命内在存有同大宇宙一样的“原本性核心存在”，像天、地、道那样伟大，“朴虽小，天下莫能臣”（《老子》三十二章）。人类文明史从“三生万物”之始，就是“道大，人亦大”的发挥与展开过程，与大宇宙同源并行。人生是“道大，人亦大”的使命完成，是在天人合一的道路上运行。“道大，人亦大”是人类共同性的核心存在，是命运共同的玄妙基础，合作共存是当今世界的带动性大趋势。

与世界文明对话，必定要涉及西方文化的主导性观念。我们在《大道哲学·中国哲学的复兴》一书中，曾提出格义西方哲学，并解读黑格尔、海德格尔、弗洛伊德等人的部分学说，汲取其合理内核，共同完成哲学的引领性使命。由此而来，评判西方的“自由”。东方哲学的原本理念中没有“自由”的概念（或自由意志），后来提倡的“自由”也应该放到“自然”的范畴之内体量。“自由”不是绝对性，不是宇宙人生的核心存在，过分强调会遭遇“自然”的否定和减损，“损之又损，以至于无为，无为而无不为”（《老子》四十八章）。西方哲学在历史的某一个时期，为了矫枉过正而提倡“自由”，是可以的，属于“自然”范畴的“自正”旨意。而今，以美国为代表的把“自由”发挥成“个人自由主义”和“称霸世界的自由”，则是过分有为，是背道而驰，需要“损之又损”的“自然”调控。

“自由”不能单一存在，必定在二象同一的范畴内运行；自由的另一面是“合作”或“中和”，“天人合一”是统领性的概念。“万物负阴而抱阳，冲气以为和。”（《老子》四十二章）“自由”如果存在，也是有如量子波粒二象性那样的存在，没有另一面就没有“自由”，“自由”是不确定性的自由，在于自知、勿过。

谈论“自由”的同时应该考虑“人生要有所敬畏”，要有所效法，“人法地，地法天，天法道，道法自然”（《老子》二十五章），“畏天命，畏大人，畏圣人之言”（《论语·季氏》）。当下做人做事，不可放任自由，不可肆无忌惮，否则会遮蔽核心存在“道大，人亦大”的展开与发挥。遵从修行“圣人之言”，就是法地、法天、法道、法自然的良知。“轴心时代”的圣哲思想引领世界，引领宇宙人生，“不可致诘”（《老子》十四章）。

2021年2月8日于洛阳

目　录

第一编　文明概论

引　子

人类文明史的资料浩如烟海，不必要，也不可能面面俱到地了解。我们所谈论的《文明的冲突》《展望 21 世纪》以及《人类简史》三本书中的历史资料也近百万字，大部分读者哪有那么多的时间通读或思考？因此，在本章中我们以读书体会的形式列出一些专题论述，应该是文明史的焦点问题，也是当下宇宙人生的立场。认知历史需要纲领性的语言澄明，列举如下要点：

● 哲学引领世界。

● “轴心时代”的哲学是人类文明的原本依据，是人类进化的澄明。

● 人类文明的进化是“道大，人亦大”的展开与发挥过程，不是“由低等到高级”“由野蛮到文明”的表层序列，更不是“物竞天择”的粗陋状态。“量子诠释”纠正了达尔文的进化论。

● 东西方哲学交替性地引领世界；牛顿力学时代由西方哲学引领，量子时代由东方哲学引领。大道哲学是东方哲学的主干与旗帜。

● 新时代的哲学主题是：天人合一，命运共同。

● 看待当今与未来文明，要处理好哲学、宗教、科学的相关性。简言如下：哲学在宗教之上，哲学是科学的纲领，哲学引领科学与宗教。霍金说

“哲学已死”，即使是指西方哲学也是误判，当下是以潜隐的身份与东方哲学同一性存在——大道哲学引领世界。

● 三书的作者对科学技术的发展状况都有所忧虑，《人类简史》尤为严重。实际上是大转型时期人类智慧推陈出新的绽放，是道法自然的哲学出场。

人类历史是宇宙人生的历史，回顾也好前瞻也好，总需要有个根本性的依据，方可达成共识，顺应命运共同的道路。在大转型时期，人类前行必须遵循的“根本性依据”是“轴心时代”的哲学思想，这是人类不可忘却、不可动摇的原本信仰，“万物莫不尊道而贵德”（《老子》五十一章）。

一、科学在哲学的道路上

哲学，是指“轴心时代”的哲学而言。

哲学引领世界，也包含着人类文明史。

东西方哲学交替性地引领世界，是由“量子诠释”表述的，涉及人类前沿智慧成果（如量子力学、相对论、天体物理学等）与哲学的相关性。

关于科学与哲学关系的认识，“量子诠释”的判断是：哲学引领科学，科学是哲学的展开形式，哲学是科学的纲领，科学是根植于道的知识。量子力学和相对论的出现更加明确了二者的相关性，哲学是科学理性自身潜藏的内在本性，当科学理性开始自我反思原本概念时就会展现出来，人道与天道是同一的，“道隐无名”“反者道之动”。大道哲学是宇宙的大全，是包容性的纲领，需要科学在无限分殊的领域开拓与丰富；哲学的知识结构是知识的母系，生生之厚，可以生发一切“尊道贵德”的科学知识；同时科学反转过来扩展和丰富了哲学，推进对事物深度玄妙的认知。哲学与科学一以贯之，所以说现代的科学家也是哲学家。

科学与哲学是提升认知能力的学问，也是生命综合能力的展开样式，永远是宇宙间最“优雅”的善美。那么它们之间谁是纲领，谁是主导呢？黑格尔的想法应是高明的，同时他也最有资格谈论此事。作为哲学家的黑格尔，几乎通晓了那个时代自然科学的全部，马克思、恩格斯也是如此；马克思甚至写过微积分史，那是当时数学的前沿。在处理哲学与科学的关系时，黑格尔认为科学与哲学具有一致性，但不是以科学为“前提”，而是将整个自然科学都赶到他哲学的注脚中去了，“在哲学中，自然科学不可能表现为基础，这里的基础毋宁说应该是概念的必然性”（黑格尔《自然哲学》）。

科技发展到今天，我们看到的世界仅仅是整个世界的百分之五。我们是以物质的概念来确定客观世界，目前已知的物质的质量在宇宙中只占百分之四，其余百分之九十六的存在形式是我们不清楚的，被称作“暗物质”和“暗能量”。但是，哲学之道已规定了宇宙的整体性纲领，构建了认知宇宙的总路线，引领科学认知未知的存在，进入一个个众妙之门。“知其白，守其黑，为天下式；为天下式，常德不忒，复归于无极。”（《老子》二十八章）爱因斯坦、霍金、玻尔等物理学家都是立于哲学之道上深入探索暗宇宙、虚无状态和微观世界的先行者，凸显“道隐无名”的存在，解析“知白守黑”的天下式。

“中”，是道的核心意义；“守中”“中庸”“中和”“中道”等代表宇宙和生命的标准运行路线和最佳状态。量子的波性与粒子性的互补状态是“守中”，是“中和”，是通达“道”的玄同场景，是变易的生命跃迁到高层级的境界。量子也具备“中和”“守中”“中道”“中庸”之妙。量子的行为规范是“执中”而不落边见。现代西方哲学困惑于宇宙结构上“二分法”的统一性，缺乏“中道”的信念，因此偏向于“物格化”的宇宙观，忽视了量子跃迁式的升华，也忽视了大宇宙以“无”为特征的永恒的生命体系。在物质越来越丰富的世界里，人们常过分执“有”，比如有为、有欲、有争等；此时应该强调大道哲学之“无”，即无为、无欲、不争，遵守道场的损补定律，“天之道，其犹张弓欤？高者抑之，下者举之，有余者损之，不足者补之”（《老子》七十七章）。

二、量子时代是人类命运根本转化的时代

观察历史的目的在于看到历史的转折处，看到人类自身与大宇宙的相关性，把圣哲思想化入宇宙的深邃自然中。进入量子时代，人类的历史观应该有一个根本性转变，可以说是超越了以往一切现象学的表述，也超越了历史上有关外在世界的表述。比如《文明的冲突》所列举的世界上存在过的几种文明现象以及所谓的“文明冲突”事例，都会像牛顿力学那样，被量子力学时代的场景所超越，“玄德深矣，远矣，与物反矣”（《老子》六十五章）。

牛顿力学时代人类主要观念是由牛顿经典力学的知识系统所引领。人们相信按照经典力学的“终极公式”可以求得宇宙间的一切因果预测。然而，量子力学、相对论的出现，让人们体悟到宇宙人生的原本还有更加神奇玄妙的场景，宇宙生命不仅是机械性的因果，还有无限可能的不确定性，更加确信圣哲经典是人类赖以生存的精神财富，每到历史的转折关头依然会燃起火焰，照亮前行的方向。

在大转折的时代，人类最重要的是要确认：圣哲的宇宙观和“人亦大”的道德观是世界文明的引领者。人生总要有信仰，若不然就会丧失自信。最根本的是要持守“不忘本来，不忘初心”的经典，那就是要有所敬畏。圣哲言：“畏天命，畏大人，畏圣人之

言。”（《论语·季氏》）“畏”是敬畏、敬重、尊敬之意，“畏圣人之言”是指人类历史长河最应遵循的是“万物莫不尊道而贵德”（《老子》五十一章）。

“轴心时代”是指哲学界良知自觉性的公认，为人类树立起一个原本性的标准认知纲领，是宇宙人生存在的理性依据，是指导过去、现在、未来的自然之光。“天网恢恢，疏而不失”（《老子》七十三章），“大学之道，在明明德”（《大学》）。人类进入了量子时代，观照人类历史的标准或依据是“轴心时代”的东方哲学，主要是由佛、道、儒构建的大道哲学。“以身观身，以家观家，以乡观乡，以国观国，以天下观天下。吾何以知天下然哉？以此。”（《老子》五十四章）用圣哲关于家、国、天下的观念来观察人类历史，才能明白四达，才能“天下然哉”，也就是体现历史的本来面貌，“无过之无不及”，既神奇又平常。

三、解读西方哲学——对文明转化的说明

“解读西方哲学”的提出，也在于中国哲学本身的继往开来，在于解决西方哲学对中国哲学的“格义”。“格义”是指翻译佛经之时，用中国经典的概念来诠释佛经的含义。后来中国近代学者用西方哲学来解读中国哲学，称为哲学的“格义”。西方哲学与东方哲学都是人类思想的结晶，交替性地承担着引领世界的使命。牛顿力学时代中国学者用西方哲学解读东方哲学，是大趋势使然，是可以的；但是到了量子时代，是不可以的，应该有个转化。因为我们已经跨越了哲学的被动时期而转化为哲学的主动，应该进行“反向格义”，以中国哲学解读西方哲学，求同存异，正本清源，汲取其合理的内核，共同引领世界。

量子时代是人类文明大转型的时代，是世界转换到一个新的发展时期。以大道哲学解读西方哲学这也是转型时期需要解决的问题，是世界文化“交替性引领”的主题转换。中华民族的伟大复兴，是中华民族主流文化的复兴，为世界哲学展开推陈出新、普适天下的新篇章，为稳定和维护新型的国际秩序提供道义和思想基础，在人类善美的精神家园中树立起一面命运共同的旗帜。中国哲学是对生命负责任的道德规范。

量子时代的哲学主要特征超越了牛顿力学时代的

哲学。比如以量子力学和相对论为核心的科学范畴已经成为大道哲学的展开形式，量子理论是大道哲学最前沿、最具有说服力的阐释学，也可以说科学就是哲学，科学的纲领是哲学。

当前世界的形式是多元的，曾经引领过世界的西方文化已经处于急剧分裂的不良局面，天下需要一面和而不同、天人合一的哲学旗帜。中华民族应该是擎旗者。世界的发展与进步不仅需要世界观，更需要高扬的宇宙观。中国圣者的哲学思想首先源于对大宇宙的观察，“仰则观象于天，俯则观法于地……以通神明之德，以类万物之情”（《周易•系辞下》）。儒家如此，释家如此，老子哲学更是如此。大道哲学将原本性的宇宙规律向下落实，落实到宇宙万物，落实到社会人生。当下，哲学的发展趋势是回归原本，道从原本而来，“执大象，天下往”（《老子》三十五章）。只有厕身在大道哲学宇宙观的立场上，才能一览众山小，满目清朗，纲举目张。从大处着眼，方能解读、解惑、解蔽。

四、解读海德格尔

解读西方哲学，解读海德格尔，是为了认识宇宙人生的同一性，也是文明的同一性。西方哲学也是探索文明的来龙去脉，但是进入 21 世纪需要东方哲学的引领。现以海德格尔为例，认识文明的原本性。

量子力学告诉我们，原本性的存在都具有二象性与互补性，人生也如此。因此海氏的“存在”“此在”“生存”以及“存在者”等都具备着量子论的基本原理，都可以放在天人合一的统一场中，即“万物负阴而抱阳，冲气以为和”（《老子》四十二章）。

海氏认为“此在”是无家可归。他没有认识到宇宙是一个伟大无限的生命体系，“此在”可以“复归于婴儿”，“复归于无极”，“复归于朴”，复归于道德家园（《老子》二十八章）。海氏讲“存在”与“此在”的意蕴，他说：“此在将它自身展示为这样一个存在者：它在其世界之中存在，它同时是凭借它在其中存在的世界而存在。在此，我们发现了存在于此世界与此在之存在的一种特殊联合，而只有作为在此立于这一联合之中的东西，即带着它的世界的此在自身，已经在基本结构中被摆明了，这个联合自身才能够成为可理解的。”在此，海氏想说明宇宙观与生命观的相关性。因为他没有以圣哲的经典为纲领，是脱离“轴心时代”的个别性思考，不能明心见性。他没有把“存在”与“此在”看成是一个无限伟大的生命体系。“存在”是“天地之始”“万物之母”；“此在”是宇宙之子，是“道之所在”。“在世”是法地的在世、法天的在世、法道的在世，也就是法自然的在世。“存在”是宇宙之大，“道大，天大，地大，人亦大”。存在生发了此在，存在在此在之中，此在是存在的展开与发挥，此在又复归于存在。“此在”涉及了命运共同。海氏讲：“由于这共同性的在世，世界总是我与他人共享的一个世界。此在的世界是一个共同的世界。存在是与他人共在。”“此在本质上是共在，这一现象学命运具有一种生存论的意义。”

海德格尔认为如何探究“存在”的答案在于现象学。此言离题太远。西方哲学关于现象学有很多定义，我们只用前沿智慧表现的事物给予判断：固定性的“现象学”话语好像没有必要了。量子的二象性是不确定，是“同出而异名”。量子是波现象，还是粒子现象？哪个是本质呢？宇宙深处的暗物质是什么现象？暗能量是什么现象？黑洞是什么现象？时空扭曲是什么现象？另外，还要强调的一点是，牛顿经典力学的现象已经被量子力学推进或者颠覆了，因此常说的牛顿力学特征的现象已经失去了它的哲学光辉。

关于解释学，海氏从另一个角度做了新的表述：“由于它处理的是难以被注意的东西，传统的领会也许恰好忽略了关键的东西，所以我们不能根据表面价值来判断传统的解释。因而，我们必须基于我们的解释所绽露的现象，准备好彻底地修订对客体、主体、语言、空间、真理、实在、时间等的传统阐释。”海氏说得比较表浅，难以适应眼下文明的前行。我们建立的“量子诠释”，前在的根据是圣哲经典的原本概念，而不是创建新的概念，正本清源。第二个根据是人类智慧前沿成果所形成的概念是哲学的展开形式，而哲学是纲领，纲举目张。第三个根据是“量子诠释”是训诂学的延续与推进，“执古之道，以御今之有”（《老子》十四章）。诠释是“道”的诠释，是与未来的文明相观照，是前瞻性的说明。

海德格尔的“沉沦”概念会引发对人类文明的误解与迷惑，失去对宇宙人生的许多信心与乐观。他的意思是：此在是被从其存在的原始意义那里脱离，是此在在世界中的消散和一种反思，此在的人生是无家可归者。海氏将“操心”“操劳”等列为“沉沦”的项目之内，这混淆了“生命就是使命”的本意。家事、国事、天下事都是宇宙人生分内之事，是共同承担的使命，是共在之道。“沉沦”者并非沉沦。如果想找到海氏“沉沦”在中国哲学中的影子，可以在“有为”的内容中存在。生命的活动都在“无为”与“有为”的内容中存在。生命的活动都包括在“无为”与“有为”的二象性之内，过分的“有为”是“沉沦”的样子，但可以在“损之又损”的过程中化为“无为而无不为”，这是此在的自然过程。

关于“自我”，海氏将其分为“本真自我”与“常人自我”，但是哪一个是最基本的没有分清楚。他说：“常人自我……是本真自我的一个生存状态上的变样。”“本真的自我存在……是作为常人的一个生存状态上的变样。”中国哲学的“自我”是由道生发的“自我”，是由生命核心存在（精、信）表现的自我，永远是“无”与“有”、“常无”与“常有”、“天道”与“人道”、“阴”与“阳”等等宇宙二象的同一性。最能令人明白的比喻，就是量子力学的波粒二象性的不确定性与互补性。所以说“本真自我”与“常人自我”永远是同出而异名的存在，天人合一是生命的总纲，“和”是生命宇宙的终极目的，“万物负阴而抱阳，冲气以为和”（《老子》四十二章）。文明的表现形式也是“自我”的显现形式，应该明确与原本的相关性——自我之道。

关于科学，海氏没有涉及与哲学的相关性，因而令科学失去了原本性的基础。他说：“科学知识是客观的还是相对的，这个问题至少部分是一个关于科学家们的绝对权威要求的问题。如果只存在一种真理，而且只有科学家们才了解它的内情……那么科学的权威就是坚不可摧的。但是如果真理是相对的，如果科学同自然分离反而与文化结合了，那么那种权威的优先地位就受到了致命的削弱。”

中国哲学是关于天道与人道的学问，是一切学问的纲领。科学是哲学的展开形式，哲学是科学的纲领。“轴心时代”以降，哲学引领世界，当然也引领科学。对此，“量子诠释”给出了可信的阐述。

海氏的“领会”是对存在的领会，是对道的领会。他如下说法是对“道”的深刻体会，关键处还是“道说”：“只有以可领会性为基础，才可能通达原则上不可理解的东西，即自然。像自然这样的东西之所以能够得到揭示，只是由于有历史，只是由于此在自身原本就是历史性的存在者。而且只是由于这个原因，才会有自然科学。”从原则上讲，领会性的基础是“轴心时代”圣哲的思想原则，这是纲领，对此的领会就是对存在的领会，通达自然。圣哲思想是关于天道与人道的学问，是一切学问的纲领，当然也引领着自然科学。

认识论关键在于认识本心。本心即生命的核心存在——“精”与“信”。“精”与“信”是道，是宇宙之大——“道大，天大，地大，人亦大”。在生命中是潜在的，随因缘而发挥。海氏的共在、存在、此在、存在者，其关键处是共在，只有共在才是存在与此在的本意，以此领会天人合一、命运共同。

五、最高的学问

黑格尔声称，关于人类精神的学问是最高的学问。

中国哲学是关于天道与人道的学问，是一切学问的纲领。黑格尔的“最高学问”不是宇宙人生的根本存在，也不是人类做学问的明确性指导。黑格尔强调精神的特点是“自由”，而中国哲学所指的人类精神是二象同一的“玄德”，是“自然”而不是“自由”。

黑格尔认为最高的统一体可以凭思维加以认识，他把这条认识道路分为“感性”“知性”“理性”三阶段，并做了进一步的细分。对外在世界而言有可行性，但是对于内在世界或暗宇宙而言则难以适应量子力学、相对论所构建的时空。从应用的价值而言，在牛顿力学时代具有主导性的引领作用；进入量子时代，东方哲学的思维路线则是纲领性的。黑格尔哲学以及西方的主体哲学存在的主要偏差，是对宇宙本源缺乏一个依赖和确定性的判断，同时存在的主要偏差是没有把人类的起源与大宇宙作为同一性看待，缺乏“道大，人亦大”的自信、自在，即“道法自然”。

六、回答霍金：哲学没有死

回答霍金也是回答《文明的冲突》《人类简史》《展望 21 世纪》三书中关于文明前行的问题，也是构建“量子诠释”的范畴。物理学家史蒂芬·霍金在《大设计》一书中讲：“宇宙如何运行？什么是实在的本性？所有这一切从何而来？宇宙需要一个造物主吗……按照传统，这是哲学要回答的问题，但哲学已死。哲学跟不上科学，特别是物理学现代发展的步伐。”此书中文版 2011 年在国内出版，我在 2013 年出版的《老子哲学体系纲要》一书中曾写过否定性的评判。

霍金所说的“哲学已死”，最起码它不包括中国的大道哲学，因为他读的是西方哲学，而没有理会老子的《道德经》，不然将会是另一番语言模式。老子哲学就是回答宇宙如何运行，什么是实在的本性，所有这一切从何而来，宇宙需要一个造物主吗等问题，并且是纲领性的回答：哲学是科学的纲领，科学是哲学的展开形式，一切科学的发现都在哲学的道路上。霍金的几部著作《时间简史》《果壳中的宇宙》《大设计》《我的简史》等主要是讲量子力学和相对论，而量子力学和相对论正是哲学的时代表述，就连霍金的黑洞也是哲学道路上开出的奇异花朵，尚需“损之又损”无为的判断。从大道哲学的意义上讲霍金所说的科学，也就是眼下的哲学，他早已走在圣哲思想的道路上；实际上讲的是科学之“道”，说“哲学已死”的人，正是个哲学科学家，不过霍金忽略了自己的内在身份。霍金在《大设计》中讲：“根据 M 理论，我们的宇宙不是仅有的宇宙。相反的，M 理论预言，众多的宇宙从无中创生。它们的创生不需要某种超自然的存在或上帝的干预。”这是以科学模式在阐述老子哲学的“无”论：“无，名天地之始”“有生于无”“有无相生”“道常无为而无不为”。这是 M 理论的纲领。

老子哲学的原本理论之一是老子哲学的“玄论”，讲的是“无”与“有”的同一性，“此两者，同出而异名，同谓之玄。玄之又玄，众妙之门”（《老子》第一章）。霍金的“虚时间”与“无边界说”都是“玄论”的展开形式，是追寻“无中生有”的优雅与美。霍金所确立的“时空奇性”是时间的起始和终结，是因果性失效和科学预见性丧失的地方，也就是科学证明自己不成立，这显然是一个悖论。“虚时间”就是无时间，没有办法的办法反而是好办法，是霍金认为的“好理论”，这就是老子“玄”论的神奇。“无，名天地之始”，永远是包容无限，“无之有”“有之无”“无之无”等孕育着“玄之又玄”思维的美善。对宇宙所有可能的历史求和，不能在实时间内实现，因为在实时间内，宇宙的开端和终结都是奇点，科学定律在奇点处也不存在。因此，霍金想到了“虚时间”。在“虚时间”内不存在奇点和边界，科学可以预见宇宙怎样从无到有以及如何运行。如此，科学的预见需要“无”论的引领。

霍金说：宇宙是完全自足的，不受任何外在于它自身实物的影响，它既不被创造也不被毁灭，而是自己去存在。这就是著名的“宇宙自足说”，是道的“无为自然论”的最优雅展开。宇宙的启动与发展不需要异于宇宙自身的原因，宇宙自身就是“无为而无不为”的自控体系；也不需要上帝掷骰子，而是自给自足存在的“自然”，宇宙生命具有无与伦比的自信。道的“自然”就是老子哲学讲的“自化”“自治”“自正”“自朴”“自均”“自定”“自宾”“自胜”“自足”，德在其中。

霍金认为：“实在”由科学理论所确认，不存在与理论无关的实在。进一步讲，不存在与哲学无关的理论，不存在与哲学无关的科学预见和前沿成果。霍金的科学认知实际上是对大道哲学的反思，是回溯到最原本的概念——“无”“有”“玄”。

霍金的可预见性理论，如虚时间、宇宙自足解、宇宙的边际就是无边界等，都可以在老子哲学中寻找到源头和母系概念。道的“恍惚”状态是不确定性的不确定性，永远是高一层级的不确定性；“玄”是不确定性的和谐，永远是深不可测的玄德样式。“道之为物，惟恍惟惚。惚兮恍兮，其中有象。恍兮惚兮，其中有物。”(《老子》三十一章)霍金认为哲学家的天职是思考“为什么”，也就是人类如何理解宇宙，而科学家的天职是回答“怎么样”的问题。大道哲学既回答“为什么”又回答“怎么样”，更重要的是指引人类如何步入众妙之门，如何践行天人合一。哲学与科学相关性的关键在于，将最前沿的科学思想纳入大道哲学“复归”的路线，再从根本上展现出来，体现天人合一之道。霍金认为他的科学思想，如宇宙边界假设是第一原理，不能由其他原理导出，是由于美的或形而上学的理由提出的。老子哲学语汇及内涵具有引人入胜的善美与优雅，比如“无，名天地之始；有，名万物之母”，包含了宇宙间的对称之美和大生命的优雅，“宇宙的边界就是无边界”的美与优雅即由此原本而出。

七、内外世界

以往对外部世界更多关注，投入主要的生命活力去体验，认为只有此在是真实的，因而对内在世界大大地淡漠了，认为可有可无，并没有认真自觉地投入。同样，人类重视有形的物质世界，而忽视非物质态的虚无世界，时下称为暗能量、暗物质、暗宇宙。进入了量子时代，全局发生了根本性转变。人类的前沿智慧发现了与以往大不一样的宇宙规律，那就是“同出而异名”的宇宙二象性，以及“命运共同”的互补性是对以往天经地义“真理”的超越与推进。内在世界或虚无世界无与伦比地重要，在与外在实有世界相互观照中调动着文明的起落。

人类正处于大转变时期，也是由外在世界向内在世界的转变，转向以“天人合一”“命运共同”为主题的文明时代。人们开始感觉到涉入“玄德”领域的可能性，开始体验和发挥内在世界的神奇与善美，活跃在“量子诠释”的精神家园。

内在世界和暗宇宙有同等意义的存在，是非物质态结构，也可以说是量子场状态的思想结构，潜隐，深厚，至柔，惚兮恍兮，显现复兴的光明，多姿多彩的外在事物由此发生。圣哲的表述是：“致虚极，守静笃。”“窈兮冥兮，其中有精；其精甚真，其中有信。自古及今，其名不去。”（《老子》十六章、二

十一章）

量子时代让人们更广阔深远地认知内在世界，这个世界早已存在，几乎与宇宙的开始同在，是令人类成为“大人”的世界。

学者们对历史的评价，比如亨廷顿的《文明的冲突》、汤因比的《历史研究》、赫拉利的《文明简史》等之所以写出许多违背历史的判断，是因为他们没有从原本上关注人类“内在世界”的历史，而大多专注于“外在世界”的历史。他们的根据是考古发现的存在物或外在事件，这只是一个方面。对于世界的整体认知，尤其是对内在世界的认知，应以圣哲的经典为纲领，从历史存在现象和事件中，悟出明心见性的道理，具有引领世界的意义。

在宇宙中，人的外在有如一粒沙那样渺小，然而内在世界有如天地时空一样广阔深邃。外在世界与内在世界是一个世界，有如波粒二象性是“同出而异名”的存在。

八、文明的内在结构

道法自然、天人合一是中华文明内在的生存理念。

观照人类内在世界是当今世界的哲学主题，涉及大转型时期人类的共同命运，也关系到人类历史是“尊道贵德”的运行与展开。

宇宙有内在结构（暗能量、暗物质、潜在宇宙），人生也有内在结构，内在与外在是同一性的存在。东方哲学用“无”与“有”、“阴”与“阳”等原本概念，包含着宇宙二象性存在的主导性规律。量子力学的波粒二象与互补原理做出了前瞻性诠释，让人类自身确认与天地同等之大的自信并活跃在“玄德”样式的生活范畴；人生的伟大还在于内在世界。

人类文明是围绕着与大宇宙相关的内在结构所建立的，绽放着天人合一的光彩。

历史资料描述的古代农耕时代、游牧时代以及种种战争场面，是人类外在世界的景象。人类共同性存在的内在时间情景（道隐无名），则是“深矣远矣，与物反矣”的玄德面貌，留下的历史记载很少很少。但是在圣哲的经典中存有原则性的标示，应以此为据观照自然无为的历史。

观照自然无为的历史是强调人类生存的内在世界，强调“天人合一”是人类文明的主导性理念。写历史、看历史、学历史的目的在于立于当下如何认知作为个体或整体的人生现在与未来是什么样的状况。圣哲言："人之迷，其日固久。"（《老子》五十八章）对于上述问题人类是有迷惑的，没有看重自身的内在世界而迷惑于"在场"的纷争之中。历史学家也有迷惑，应彻底地转变并重新深入地观照"不在场"的世界。有些西方哲学对现象性世界的表述称为"在场"和"不在场"，则是提示人们不要淡忘或轻视"不在场"的内在世界。海德格尔、伽达默尔等认为：从显现的东西到隐蔽的东西的追向，就是从当前在场的东西超越到其背后的未出场的东西，这未出场的东西一样是现实的事物，而不是抽象的概念。

九、文明的现象与本质

大小、多少、有形、无形都是由“逝、远、反”的宇宙速度所决定的，$E=mc^2$具有普遍性的指导意义。

宇宙是多元宇宙，在我们居住的宇宙（物质世界）光速是绝对的，速度的减慢令能量转化为物质及万物的形态。内在世界也可称波相的世界，是超光速的，是“至柔”的量子态，可以刹那与多元宇宙交流纠缠。

质量的概念在不同的宇宙中有不同的理解，在我们生存的宇宙里是以形状和重量来判断的，而在其他宇宙是“无状之状，无物之象”（《老子》十四章），是用暗能量、暗物质的概念表述，与显在的世界相对应。爱因斯坦质能公式的左边是哲学思考的重点，那里潜隐着生命能力的宝库，便于你适当地自化。

凡是超越光速的粒子都发光，此光更加“至柔”与“无有”，普散着高层级的宇宙情怀。“和其光，同其尘”（《老子》四章）是指与内在世界的光明同一，并与外在“同出而异名”。如此为“玄”，玄之又玄地践行，是人类进化之道。在内在世界，在周围的宇宙中，都存在着不可思议的负能量与暗物质，并且具有高度的对称性。“致虚极，守静笃”（《老子》十六章），此在与文明的存在与发展大有关联，涉及“深矣远矣，与物反矣”（《老子》六十五章）的玄德场景。物质的本质是非物质，外在的文明源于内在的伟大。

十、文明的良知

观察历史不只是罗列以往的事件或对文化、艺术现象的描述，更重要的是深入观照突显历史之上的内在世界的场景，这是现代文明路线上的主导性趋势。三书中研究历史的方法应该做些调整，“量子诠释”可以解答正本清源之问，也可以解答文明未来之问。人类历史进入一个新的时代，人类的知行要有个与宇宙同一的新定位和更加神奇深入的新关系，那就是内在世界生存状态的良知。此良知是对“轴心时代”的回顾并融会于前沿智慧行列中，称为“量子诠释”。试论如下：

人类从“三生万物”之始就履行着宇宙人生使命，即“道大，人亦大”的进化路线。从每个人的出生开始就以内在世界的身份完成宗旨的人生使命，并非从成年算起。内在世界关联着宇宙人生的源头，也关联着宇宙万物的内在，是一个无中生有、有无相生的生命场景，是量子状态的比喻。创造性活动在内在世界无时无刻都在进行，当毫无察觉时，也许正是最活跃的场面，犹如虚无的宇宙空间涌现着能量的海洋。人类的内在世界对全宇宙都有增益，天人合一是量子互补的概念。人类在其自身内包含着宇宙万有，潜隐着形成一个文明所必要的自然属性。比如国家、社会、哲学、艺术、宗教和科学等等，都是人类内在世界“道大，人亦大”的发挥与实现，是“道法自然”“天人合一”的使命完成。爱因斯坦和前沿科学家的“思想实验”实际上是宇宙人生相互观照的道德交流，是天人合一的生命光彩，体量着文明的过去、现在与未来。

量子学家说，在宇宙的大舞台上，人类既是演员也是观众。从哲学上看，人类是与宇宙同一的存在。什么是人类文明？人类文明是与宇宙同等之“大”的存在，像银河系的天与地，像宇宙的本原之道；也像一粒沙、一滴水，像一切微乎其微的粒子；在于自然的自知，法地、法天、法道、法自然。

建立文明的良知需要一个推陈出新的过程。比如牛顿经典力学时代很容易把宇宙人生看成是机械性或者是单一物质性。就连以“我思故我在”闻名的笛卡尔都用“机械”的观念看待世界，认为整个世界是台大机器，而人类生命是台小机器，认为人的想象、激情皆是机械反应的必然产物。进入量子时代，应该普遍地讲一讲“量子诠释”课。

十一、二象性·天下式

观历史是观宇宙人生最基本形式的变化状态及其同一性的结果。二象同一性是一切形式的基础，是终极模式，圣哲称其为“天下式”。“此两者，同出而异名，同谓之玄。”“知其白，守其黑，为天下式……复归于无极。”（《老子》二十八章）“天下式”的代表性诠释是量子力学的波粒二象性，主要表述内在世界的“夷、希、微”场景。历史资料记载的大多是外在世界的显著事件，因为内在世界是潜隐的，是“无状之状，无物之象”的恍惚场景，没有得到显在的记载，但确实是原本性的实在。有如牛顿力学时代只观察到粒子性而忽略了波性的存在，丢失了另一面的历史。所以，量子时代对历史的观照要把握好宇宙人生两个方面的完整性。

十二、进　化

“轴心时代”的哲学是世界的引领者，在当下应该明确主导性的观念可以为人类共同地认知和持守，也可以纠正历史上的局限性观念和不合时宜的约束历史的理论。

第一个要确定的概念：道大，人亦大。来源于“轴心时代”的《道德经》二十五章：“道大，天大，地大，人亦大。”其含义是：人类内在世界与宇宙空间同样伟大与光荣，人生是宇宙人生。人类历史上最让自身存在难堪的是，人类是由猿猴变化而来。很多书籍都在引用此论，历史学家们也如此表述人类的现在与未来，从根本上放弃了生命的自信与自尊——道大，人亦大。关于宇宙和生命本源问题，无须争辩，“轴心时代”的圣哲之言是定论：“无，名天地之始；有，名万物之母。”“道生一，一生二，二生三，三生万物。”人类是从宇宙的原本而来，又生生不息地复归原本，造就了天人合一“道大，人亦大”的复兴进化史。达尔文的进化论只是宗教原罪论的否定。人类与猿猴等动物类的根本区别在于“道大，人亦大”的生命核心存在，在于内在世界的道德之说。目前医学界涉及的基因和人工智能项目，虽然表达得很高明，但还不能说达到或超越“人亦大”的核心存在，人之“玄德深矣远矣，与物反矣”。人工智能无论发展到多么高超的状态，都不过是人类良知的某种展开形式，原本永远把握着未来。这是对《人类简史》《未来简史》的主旨性回答。

历史学上值得严肃纠正的一个看法，那就是人类由低等向高等进化的历史。我评论的三位作者之书都是这样讲的：一是人类由低等生物进化而来；二是由低等社会向高等社会进化，比如分成原始社会、农业社会、工业社会，等等。东方哲学的宇宙观、生命观是同一性的，宇宙是无限永恒的大生命体系，道是宇宙网络的纲领，是生发与回归万物的本体，道在人在，道大，人亦大，天人合一是人类多向性历史的总称。人类自从“三生万物”开始，就是“道大，人亦大”的展开与发挥，也是宇宙人生的绽放，自然而然地体现生命原本精神，成全法地、法天、法道的使命。所以，在人类历史上没有低等生物的阶段，也不能说过去的前人不如现在的后人。

量子时代的前沿认知已经从根本上否定或纠正了达尔文的进化论。量子、星系来源于“无中生有”的原本状态，没有低等到高级之说，是“道法自然”的展开与发挥。人类是宇宙人生，有如量子星系的状态和场景。人类的进化不是生物学上的进化，也不是承受生存环境影响的进化，而是原本性的进化。所谓原本性进化，就是“人亦大”的展开，共生共化的过程，用哲学概念总括而言就是“道法自然”“天人合一”的无限可能性。每个人都可以发挥“道大，人亦大”的品格，但只有合作起来才能完满圆融地通达进化使命。“执大象，天下往，往而不害，安平太。”

十三、文明的主线

看历史要看人类文明的主线，是“轴心时代”的哲学引领着内外世界同一的主线。主导性形式是内在世界向外在世界“逝、远、反”的转化，体现“道法自然”“天人合一”的生存发展理念，向“道大，人亦大”进化。比如，当代量子论展现的微观世界的奥妙就是人类内在世界“玄德”的历史表现，是“自我自然的存在”。比如，爱因斯坦的相对论，实际上是哲学“无”与“有”相对性的展开形式，人类内在世界的速度和光速一样“绝对”，并且是超越性的——“天下之至柔驰骋天下之至坚，无有入无间”（《老子》四十三章）。人类智慧的前沿成果昭示着人类“深矣远矣”的内在世界是和大宇宙一样的伟大而谦虚，人类历史的主导是“天人合一”的“良知”，是“明德”。宗教引领过世界，但哲学在宗教之上。宗教是对哲学的一种诠释，进入21世纪，“量子诠释”更能体现历史的新面貌，更接近“终极公式”。

十四、成就文明

成就文明是人类的使命完成，使命完成与价值完成相比更具有原本性和与大宇宙的同一性，蕴含着生命的神圣意义。成就文明的事情必定遵循两项基本原则，即“天助人助”。《易传》讲：“自天佑之，吉无不利。子曰：佑者，助也。天之所助者，顺也。人之所助者，信也。”在前行的道路上要“成己成人”就宜顺应“天之道”，做人要值得信赖。立于当下，要想成就文明人、文明事，必须顺应全局形势、世界同一的形势和宇宙总体运行路线，即“天之所助者，顺也”；必须立定一个值得信赖的人生，有自信亦可信，即“人之所助者，信也”。创建文明事业，具备此二者则可有所发现，有所创造；则可由没落而复兴；则可成己成人，成就“道大，人亦大”的文明大人。

十五、道大，人亦大

老子言："道大，天大，地大，人亦大。"在心理上要扩大你的身份，扩大合作范畴，扩大"为而不争"的思想领域，扩大"利而不害"的世界关系，成为与宇宙同一的大人。

"大学之道，在明明德，在亲民"，人类之间要有"亲属感"，要展开大爱无疆的宇宙情怀，"天人合一""命运共同"是文明内在的永恒主题。只有减损一些陈旧的观念才能促使生命创新，涌现前途远大的良知，以"逝、远、反"的天下式复归生命的大本大源。生命不只是身高与体重，这只是物质世界的表象。生命包括一个"深矣远矣"的无比玄妙的内在世界，它与天地一样伟大。从组织结构上讲，生命不只是细胞和基因，而是一个与宇宙万物相联系的网络结构，"天网恢恢，疏而不失"（《老子》七十三章）。老子讲道大："大曰逝，逝曰远，远曰反。"（《老子》二十五章）道之"大"是大数，"逝、远、反"代表着道的速度是无限，由无限赋予各级宇宙以有限的速度。多元宇宙的速度具有绝对性，比如在我们存在的宇宙光速是绝对的，每秒三十万公里的速度是由道生发而来。量子的恍惚混沌状态中，刹那间生发了万物，是我们外在感官不可感知的"夷、希、微"，类似于希格斯场，这个过程永远是进行时，从未间断。每个人和宇宙是生命关系，称为“宇宙人生”，具备着“道大，人亦大”的核心存在，与大宇宙同一并行，完成“道法自然、天人合一”的使命。每个人都可以表现“道大，人亦大”，但是只有合作起来才能完满圆融地体量与发挥。

总之，道是宇宙万类的始祖，是文明的始祖，是“万物之母”“天地根”“万物之宗”。人类和宇宙拥有同一的起源与终极目的。虽然我们个人不一定清楚地了解这一起源和目标，但圣哲经典是可以信奉的引领者，这就是“轴心时代”关于宇宙人生的意义所在。

十六、动物历史的介入

看待人类历史总是要有动物历史的介入，因为“三生万物”是总的历史源头。动物历史与人类历史既有同一性，又有巨大的差别性，不是小差别，而是大差别。忘掉了这个差别，就会丧失“人亦大”的历史。比如达尔文的进化论把人与猴的原本性连在一起则丧失了决定性的“人亦大”历史。人类并非由简单到复杂的进化，人类有如“量子诠释”那样来源于无限永恒的伟大生命体系，循环往复地复归与回顾着原本的伟大，“玄德深矣远矣，与物反矣”。所以，要超越动物的历史来看待人类历史。比如恐龙的历史，白垩纪的整体灭亡代表着一类动物有生有死的历史，没有创建与宇宙同等之大的历史。人类的整体历史与宇宙同在，人类可以思考与创建宇宙之大。比如宇宙有终极之道，人类可以思考终极公式通达无限，可以发明导航系统“不窥牖见天道，不出户知天下”。总之，凡是天道之事，人类都可以“天人合一”的模式思之、行之。“人亦大”的生命体系符合“逝、远、反”的宇宙之大的规律，天长地久，生生不息。地球或星系的毁灭性事件可以导致恐龙类动物地域性地消失，但不涉及人类发生发展的总体历史。“道法自然”“天人合一”是人类与宇宙同一存在的永恒依据，至高无上。

由此说来，看待人类历史可以参考动物史，但不可受其主导，尤其是达尔文的进化论，违背了“道大，人亦大”的原则，也不能作为依据来评判历史事件。

孟子讲，“人之所以异于禽兽者”在于“明明德”。《孟子·离娄下》：“人之异于禽兽者几希。”就是那么一点点“精”与“信”（《老子》二十一章），但是可成就“道大，人亦大”。人类的原本存在与动物的区别，在于“道大，人亦大”，也就是天理良心的本性，是能够“道法自然”“天人合一”的内在文明。

十七、进化路线

看历史，要看到人类伟大的一面，体悟到人类与宇宙具有同一性的伟大。“道大，天大，地大，人亦大”是来自于原本的永存意义的判断，贯穿着宇宙人生的进化路线。

“道大，人亦大”是“轴心时代”东方圣哲确立的关乎生命意义的人生观与宇宙观，包含着“道法自然”“天人合一”的生存理念，也是人类文明史的主题思想。

人类进化不是从简单到复杂的过程，不是由猴子进化而来，也不会符合热力学第二定律走向熵的混乱结局。圣哲言“域中有四大，而人居其一焉”。在宇宙中，人类与其他动物的区别就在于“道大，人亦大”，人类的内在世界具有与伟大宇宙同一性的存在，“量子诠释”为此树立起正见，并且对达尔文进化论给予适当的纠正。

十八、终极公式

人类前沿智慧的表现形式，其中之一是“终极公式”的确立。四个公式镌刻在发现希格斯粒子世界物理研究所门前的巨石上，昭示着关于宇宙基本粒子和宇宙作用力的解答。一百多年来，科学家都是在追求宇宙对称性之美的过程中，完成了“终极公式”的建立，体现在神奇的数学模型的场景中。

四个终极公式：

$$
\begin{aligned}
\mathcal{L} = & \bar{\psi} i \not{\partial} \psi \\
& - g_1 \bar{\psi} \not{B} \psi - \tfrac{1}{4} B^{\mu\nu} B_{\mu\nu} \\
& - g_2 \bar{\psi} \not{W} \psi - \tfrac{1}{4} W^{\mu\nu} \cdot W_{\mu\nu} \\
& - g_3 \bar{\psi} \not{G} \psi - \tfrac{1}{4} G^{\mu\nu} \cdot G_{\mu\nu} \\
& + \bar{\psi}_i y_{ij} \psi_j \phi + h.c. \\
& + |D_\mu \phi|^2 - V(\phi)
\end{aligned}
$$

按照佛家的语言形式讲，终极公式，并非终极公式，名为终极公式。但是这一阶段的历史并不亚于帝国或王朝的兴起与变迁。它昭示着一个道理：“终极公式”的美学源于哲学，是“天人合一”原本之道的展开形式。“道法自然”“天人合一”是美学的统领，也是宇宙人生步入众妙之门的美好路线。

十九、反复强调的原则

看待历史的进程应该有一个统一的总体路线，或者提供可以作为世界共识的依据。简述如下：

一、“轴心时代”的圣哲思想永远是人类历史长河的灯塔，不可忘记的原本规则，判断种种不同文化的准绳。“轴心时代”是哲学界的基本共识：一是“轴心时代”的圣哲的思想，是人类赖以生存的主要精神财富；二是每到历史的转折关头，它们依然可以燃起火焰，照亮人类前行的方向。遵照“轴心时代”人类思想的指导原则，是观照历史的主导性立场。“轴心时代”虽然不是宇宙人生的开始，但展开的是宇宙人生的原本意义，“执古之道，以御今之有”（《老子》十四章）。圣哲立于天地之始，观照人类历史长河，“往而不害，安平太”。

二、哲学引领世界，哲学在宗教之上。从知识的角度看，哲学是关于天道与人道的学问，是一切学问的纲领。从近代历史观察，东西方哲学交替性地引领世界：牛顿力学时代由西方哲学引领，量子时代则由东方哲学引领，这是“二象统一”的宇宙规律所简易表述的。

三、人类前沿智慧成果的诠释场景。进入量子时代，是人类文明革命性的巨大转换，是“道大，人亦大”的前所未有的崭新面貌。在哲学上是以“量子诠释”体量本质的存在，是文明在语言形式上的凸显。

二十、看待历史的纲领

由考古证实的和语言记载的是历史的遗迹或某一方面的映像，需要纲领性的圣哲经典的通达与综合。圣哲经典，无论是东方与西方，都通达人类历史的外在世界与内在世界，也通达宇宙的“无”与“有”二象性，是天人合一的总路线。这就是老子讲的“执古之道，以御今之有”“能知古始，是谓道纪”（《老子》十四章）。

哲学之道与宇宙同时起源，当然也与人类同时起源。我们为什么说“哲学是科学的纲领，科学是哲学的展开形式”？是指圣哲思想中虽然没有科学的具体公式公理，但蕴含着科学的真理种子，存有生发科学的原始智慧——“道者，万物之奥”（《老子》六十二章），无中生有，有无相生。

由此，我们看历史，一定要有根本依据，要有最高的指向，不可持守阶段性的东西和外在世界的耀眼现象作为结论性的判断。比如不能过分强调牛顿时代的外在之力和固态物质所形成的事件或世界状态，而应重视并深入体量“道隐无名”的量子世界。不能过分强调宗教，而要强调“哲学在宗教之上”。值得反复强调的是，达尔文的“物竞天择”理论绝不是人类进化的原则，《文明的冲突》《历史研究》《人类简史》《未来简史》受其影响很深。达尔文思想没有纲领性的圣哲经典依据，其调研的局域是很狭小的，仅仅是外在世界的星星点点，没有涉及内在世界的“玄德”，不能作为看待历史的指导性学说。

二十一、解读历史

当下，认知的关键处在于对圣哲经典的觉悟，也是对宇宙原本、对生命源头的觉悟与复归。深入外在世界之内的存在，才是事物的进一步本质，也是获得一个“玄”的认知，进入前沿敞开的“众妙之门”。内在世界，是“玄之又玄”的恍惚状态，“天人合一”是成就“玄之又玄”的文明纲领，也是成就“道大，人亦大”的核心观念。

量子时代人类命运前沿智慧的展开成果是诠释经典的最高明比喻。比如量子的二象性最深切地告知我们宇宙的原本是“同出而异名”的二象性存在，也就是说，生命的本质不只是物质性的，也不只是外在世界，还有体现“人亦大”的内在世界和非物质态的“玄德”——“玄德深矣远矣，与物反矣”。为此对圣哲思想要有一个转化而进步性的认知，那就是“道法自然”“天人合一”是中华文明内在世界的生存理念，也是整体人类文明的生存理念。人类进入量子时代，要从宇宙观和生命哲学的立场观照生命的道德世界。人生是同时生存在两个神奇的系统里，既是主角也是观众。

二十二、人类文明的趋向

从原本处看人类文明的大趋向，是由“朴”之小向“道大，人亦大”进发，展现一个活力无限的“大我”文明，也是“执大象，天下往。往而不害，安平太”。进入量子时代，人类文明会发生一个根本性的大转折，因为人类认识了宇宙人生的高明状态，也是人类自身的升华，那就是以量子力学和相对论为代表的人类智慧前沿成果。人类的内在世界向外在世界的自我实现，也就是“道大，天大，地大，人亦大”。天人合一路线的实现，是宇宙人生使命的完成。此方向是与大宇宙发生发展同一并行的方向。

量子状态是在“复归于朴”的宇宙网络中展开的。“朴”是宇宙人生的核心存在，“天网恢恢，疏而不失”“朴虽小，天下莫能臣”（《老子》第三十二章）。人类文明是在不间断的“复归于朴”的过程中奔赴在大趋向的范畴内。我们用“量子诠释”解读圣哲经典之“朴”。

“朴”是最小的量子状态的存在，是构建原子以及人类生命的原本。它代表着最初始的“同出而异名”的二象性存在，也就是说既是物质的，也是意识的原本存在。

《老子》二十八章讲：“朴散则为器。”由于“朴”的宇宙原本性运作而成就了宇宙万物。可以用希格斯粒子的“无中生有”场景来比喻。“朴”是道的最小单位，但是具有“道之大”的量子速度，遵行“逝、远、反”运行。《老子》三十七章讲：“化而欲作，吾将镇之以无名之朴。”人类的“有为”“有欲”如果过分了，就会偏离“天之道”，怎么办？“朴”就会自然地对“化而欲作”发挥损补功用，“损之又损，以至无为”。“无名之朴”是内在世界的功能形式，是“执大象，天下往”的主导，发挥着自化自定的作用，是生命的核心作用。

《老子》二十八章讲：“知其荣，守其辱，为天下谷，常德乃足，复归于朴。”人类文明在奔赴大趋向过程中，伴随着“荣”与“辱”的外在事件发生，有文明的荣耀兴起，也有文明的屈辱没落。但是内在世界有“朴”的存在，有如天下渊深博大之谷，生命在此循环往复地“归基”，获得丰厚的“常德”，文明得以与时俱进地发生与发展。

二十三、“轴心时代”的启示

“轴心时代”的概念首先由德国哲学家雅斯贝尔斯提出来（以往的提出，没有定论），并为世界哲学界所公认。在 1949 年他出版的《历史的起源与目标》一书中，他把公元前 800 至公元前 200 年这段时间称为人类文明的“轴心时代”。这个时期是人类文明取得重大突破的时期，各个文明都出现了伟大的精神导师——苏格拉底、柏拉图、犹太人的先知、释迦牟尼、老子、孔子。他在书中讲道：“人类的精神基础同时或独立地在中国、印度、波斯、巴勒斯坦和古希腊开始奠定，而直到今天，人类仍依附在这种基础之上。”此后，哲学界公认并确立了“轴心时代”的意义与作用，并统一了如下认识：“轴心时代”的先哲所产生的思想，是人类赖以生存的主要精神财富；每当历史的转折关头，依然会燃起火焰，照亮人类前行的方向。

“轴心时代”的存在引领人类认识宇宙、世界和自己，是人类文明的依赖。

二十四、“无”论的包容性——永恒与无限

无形者无限，有形者有限。意识者无限，物质者有限。无者，能量无限，智慧无穷。朴，是基本造化素材。朴的精粹是“信”，信是道的交流形式，是生命活动的信号与指令，“朴虽小，天下莫能臣”。

虚无是生命存在的虚无，是存在的存在。没有虚无，就没有有形万物的存在。无声者，蕴含着有声，无声者是有声之母。无形者是宇宙万物的大祖，是一切有形者的始端。“道隐无名”，道生发了有名的万物，潜隐的暗物质与暗能量是道的运行形式。

“虚无”往往以“气”的形态表述。中国哲学“气”的概念具有老子哲学讲的“柔”“弱”特质。“弱者道之用。”“天下之至柔，驰骋天下之至坚，无有入无间。”“万物负阴而抱阳，冲气以为和。”量子场或量子态是对“气”最适宜的科学注解。柔弱的虚无才具有生发万物的本分，即“元气态”。

目前的科学界，量子力学和相对论的前沿智慧人士，比如霍金，他说：“我认为宇宙是自发的，从无创生出来的。”（《十问·霍金沉思录》）尽管霍金所说的“无”是从科学定律演化而来，但依然是活跃在中国哲学原本概念“无”的范畴之内，是对“无，名天地之始”经典哲学语录最先锋的诠释。

如果再追问“无”前面是什么，“无”是由什么

肇始的，可以回答“无，永远是开始的开始”。霍金说，宇宙的边界就是无边界，这给予“无”以无限的遐想与创举。中国哲学的宇宙端始概念“无”是一个无限的存在，是自发的，是无为自然，是根底的根底。追问没有底线，“无”也没有底线，生命的原本就是如此伟大。

孔子认为：“无古无今，无始无终。”孔子是从另一个视野看宇宙的始终，也离不开“无”。“无始无终”是指“无”的无限存在状态，无论追寻到哪里，“无”都永远存在，“不可致诘”（《老子》十四章）。“无论”为万物之法，“天道”为万物之法。

二十五、哲学·宗教·科学

罗杰·瓦格纳是艺术家，安德鲁·布利格斯是科学家，两个人合写了一本书《次终极追问》，讲述宗教与科学的相关性。他们认为科学是一种次终极追问，“科学研究的终极驱动力，是某种强烈的宗教冲动”。他们在努力探寻科学的根源，他们把科学的源头确定为宗教。实际上宗教不是宇宙人生的原本，宗教之上是哲学。哲学之道代表着宇宙人生本原性存在，也代表着人类生命的核心存在。无论科学发挥出多么伟大的功能与光彩，都是“道大，人亦大”的展开形式，都遵循“人法地，地法天，天法道，道法自然”的规律。因此，我们再强调如下公式：哲学是科学的纲领，科学是哲学的展开形式，哲学引领科学。从原本上讲，宗教与科学无关，而哲学在宗教之上。

二十六、道与名

“道可道，非常道。名可名，非常名。”

道有可见、可闻、可触及的道，也有不可见、不可闻、不可触及的道，即“夷、希、微”。名词术语有表述“可道”的，也有表述“非常道”的，宇宙的基本存在是二象同一性。

本文主题是强调宇宙万物的二象性。从原本上讲，宇宙分显在的宇宙和潜隐的宇宙，也是西方哲学所言说的“在场”与“不在场”。由此也指明语言或名词概念的二象性，有表述显在宇宙的，也有表述隐性宇宙的，此二者同出而异名。

二十七、无为与有为

人类所有的创新与发明，包括《人类简史》一书中所列举的智能产物、基因序列、计算机系统、网络信息、生化技术、航天技术等等，都是“生命核心存在”（“精”与“信”）的自然展开形式，是人类“天人合一”原本之道的运行状态，是由“无为”展现的“有为”，成就了“道大，人亦大”的转化过程。西方哲学家表述为“去蔽”的“敞开”。绝不是《人类简史》作者所言的“人类梦魇”。科学技术的“有为”肯定有过分的形式，这都处于自然无为的“损补定律”范畴之内：“损之又损，以致无为，无为而无不为。”（《老子》四十八章）

二十八、玄德·复归·复兴

“玄德”是人类文明的原本存在，文明的每一次复兴都是“复归”于原本的过程，循环往复地复兴是人类文明持续前行的总体趋势。对“复兴”的深刻说明是“圣人之言”。

《老子》十六章讲：“夫物芸芸，各复归其根。归根曰静，是谓复命。复命曰常，知常曰明。”第六章讲：“玄牝之门，是谓天地根。绵绵若存，用之不勤。”“归根”是指复归原本——玄德的过程，也是“归根”于生命的核心存在，由此出入玄之又玄的“众妙之门”，即“玄牝之门”。人类“知其雄，守其雌”可以“复归于婴儿”，也就是复兴的新生；“知其白，守其黑”可以“复归于无极”，也就是获得“无中生有”的文明活力；“知其荣，守其辱”可以“复归于朴”，也就是融合于大爱无疆的宇宙情怀。

如果讲文明结构，那么“玄德”“玄牝”“天地根”则是原本性的构筑，可以用“黑洞”来诠释。黑洞虽然是玄之又玄、视而不见的存在，但它是巨大无比有形星系的核心存在，是“天地根”，发挥着无限可能的作用。人类内在世界也存在黑洞，发挥着与宇宙黑洞同一性的作用，“道大，人亦大”。

人类对前行的茫然，在于对“进道若反”基本概念的迷惑。圣哲讲“进道若反”，还讲“反者，道之动”。“逝、远、反”“玄德深矣远矣，与物反矣”，是指人类文明前行道路是不断复归原本的过程，复归则新生。从生生不息的“玄德”内在中复兴，才是“执大象，天下往”的“进道”。目前中华文化的伟大复兴，正是不忘初心、复归本来的场景，大道行天下。

当下无论是个人还是众生，复归的目标应定位在“轴心时代”。就像“轴心时代”的认定者雅斯贝尔斯说的那样：“情况总是：回忆和再次唤醒“轴心时代”的潜能——复兴——带来精神飞跃……复归这一开端是不断发生的事件。”（《历史的起源与目标》）

二十九、核心存在

东方圣哲认为，生命的核心存在也是宇宙的原本存在，从源头而来。老子称为“精”与“信”，儒家称为“天命之性”。西方的海德格尔也不确定性地认识到，“此在”是“澄明”，是世界万物之“展示口”。圣哲之后的王阳明阐述得精微，他说：“天地万物与人原本是一体，其发窍最精处是人心一点灵明。”“我的灵明便是天地鬼神的主宰……天地鬼神万物离却我的灵明，便没有天地鬼神万物了。我的灵明离却天地鬼神万物，亦没有我的灵明。”(《传习录》下)生命的“澄明”或“灵明”可以发挥与宇宙万物同等之大的光明作用，“道大，天大，地大，人亦大”。我们确立“宇宙人生”的观念在于要确信自我的核心存在，这是为什么活着与如何活着的原本性依据，否则会丧失自信，会莫名其妙地生发恐惧、焦虑与自卑。西方哲学逐渐认识到，人“在世界之中存在”（海德格尔语)，但没有进一步地确认人类具备着宇宙的核心存在——道。此在才是“天人合一”的终极存在，才是“澄明”的光源。重要的是“量子诠释”的建立，为宇宙人生的“核心存在”展开了一个更加自信、自定、自化的澄明场景，也是对人类文明的深刻解读。“核心存在”也是人类文明的核心存在，大本而归一，具宇宙之全备，与大宇宙文明同在。

三十、生命体系

思考人类文明史，即是思考宇宙人生共同命运的历史。中国圣哲的宇宙观与生命观其核心观念是：宇宙是一个无限伟大的生命体系，生生不息。生命是共生、共存、合作的整体，宇宙情怀维系着生命的始终。母系概念（“万物之母”“天下之母”“国之母”）永远是哲学的最高比喻。如此，“慈”“俭”“不敢为天下先”的道德品质才有源头与传承；如此，“生而不有，为而不恃，长而不宰”的大公无私的情怀才能普散社会人生。“万物负阴而抱阳，冲气以为和”是宇宙之母赋予人类的精气神，各有其道，天人合一。

宇宙的起源与生命的起源是同一性，是道。“无”与“有”二象性是道的原本概念。无中生有，有无相生，生生不息，是道的无限永恒的状态。

人类的合作天性、善美的意图、照顾别人等利他行为，都是秉持着宇宙之母的道德情怀。“道大，天大，地大，人亦大”指的是道德情怀之大，人生是“大人”的人生。

三十一、野蛮与文明

东西方文明或东西方哲学是同时发生的，尤其是“轴心时代”的哲学，东西方同样神圣与高明，不必在谁落后谁先进上下功夫，大道同一，皆法自然。

人类进化是一个人道与天道合一的展开过程，不可分为“野蛮”和“文明”，也没有“从脱离动物界而成为人类”的转变过程。尽管人类与万物一同发生，但一开始人类就具备了“道大，人亦大”的本然存在，此后的道路是本然存在的展开，是法地、法天、法道、法自然的过程。也可以说人类的进化与宇宙的进化具有同一性。人类文明与宇宙文明是同步发生发展的，其根据都体现在圣哲经典的宇宙观、生命观之中。

看待文明或看待历史，不要按照从野蛮到文明、从低等到高等的观点，那是肤浅的表象。和宇宙同等之“大”的“良知”，自三生万物之始即已自然存在，这是人类生命的核心存在。人类文明史由此持续性地展开与绽放。有如太阳那样，过去、现在和未来持续性展开与发挥原本存在的光辉，不存在低级到高级的概念。

三十二、量子时代的自信

简而言之，宇宙与生命是以两种基本状态而存在，二者“同出而异名”，不可确定又有无限可能，“玄之又玄，众妙之门”。此两种基本状态就是：虚无与实有。之所以说是基本状态，是因为那些有决定意义的概念——“物质与意识”“外在与内在”“实在与现象”等等都蕴含其中。牛顿力学时代对“虚无”的认知是表浅的，到了量子时代则是超越性的深化与广泛，促进人类刹那间转型到“道大，人亦大”的天人合一的阶梯。量子的神奇状态也是人类生命的当下状态，人类命运提速到量子纠缠的样式，“知其白，守其黑，为天下式，常德不忒，复归于无极”。人类认知的量子力学、相对论等宇宙奥妙，也是人类自身生命的奥妙，自己认知自已，是“人法地，地法天，天法道，道法自然”的“自化”“自朴”。我们往往觉得量子力学、相对论等那类深奥的学问离自身很远或无关，实际上它就是生命本身的存在，是内在世界、暗宇宙的主要运行状态。“虚无”的存在在于深度的自信。量子力学家玻尔的自信超越了爱因斯坦，所以纠正了“上帝不会掷骰子”的浅显之见，展现了虚无之中生发出无限可能的场景，纠正了爱因斯坦关于不确定性的浅显之见的同时，也发挥了爱因斯坦的质能转换公式（$E=mc^2$）在虚无中的作用：虚无状态的能量场可以转换成质量，这就是不可思议的“无中生有”。

在此顺便提一下《人类简史》《未来简史》中一些过了头的说法。关于人工智能控制人类的恐慌以及科学主义决定论的过激推测都不是人类历史的前景。决定未来的既不是科学，也不是宗教，而是哲学——“为天地立心，为生民立命，为往圣继绝学，为万世开太平”的大道哲学。人工智能的神奇表现也是人类自身原本存在的展开形式，是向“道大，人亦大”的自然进化，是“天人合一”的宇宙人生。

三十三、圣哲语言

人类在宇宙中生存和发展要遵循三项基本原则，也就是孔子所讲的三敬畏：畏天命，畏大人，畏圣人之言。宇宙是一个无限伟大的生命体系，人类要敬畏顺应宇宙的命运规则。

人类文明自始至终就是宇宙文明的一部分，并且是和宇宙同等之大的一部分，我们是以“道大，人亦大”的语言形式表述的。

语言的源头是“无言”，包括在“无，名天地之始”的老子哲学概念中。庄子对语言有深刻的体会，《则阳》篇有言，“言之本也，与物终始”，即指语言与万物的起源同时开始。海德格尔说：“人是能言说的生命存在。”他没有说到根本，人类之所以“能言说”，在于“天人合一”的核心存在，语言的出现依然是“无中生有”的法则。

圣哲语言的形成是由于“道法自然”。“轴心时代”的东方圣哲语言体系是建立在先圣的语言体系基础上。比如释迦牟尼讲“我从未讲法，讲的是古佛之法”，孔子讲“述而不作，温而好古”，是指阐述和传承的是先圣经典。中华先哲创建的经典语言也是遵循“人法地，地法天，天法道，道法自然”的路线。《易经》有言：“天垂象，圣人则之。”“古者包牺氏之王天下也，仰则观象于天，俯则观法于地，观鸟兽之文与地之宜。近取诸身，远取诸物，于是始作八卦，以通神明之德，以类万物之情。”总之，圣哲经典语言表述的是宇宙人生的原本之道，其中蕴含的意义与“天之道”同等之大。此意义可“通神明之德”“类万物之情”，并且具有与时空共存的生发功能。圣哲语言是语言体系的纲领，后世做学问的责任是“为往圣继绝学，为万世开太平”。在此引用庄子《知北游》作为结语：“天地有大美而不言，四时有明法而不议，万物有成理而不说。圣人者，原天地之美而达万物之理，是故至人无为，大圣不作，观于天地之谓也。”

三十四、语言形式的转换

文明的大概是由语言记载和表述的。圣哲的“不言之教”包括着宇宙和生命的原本奥妙，具有“以通神明之德，以类万物之情”的教义。“不言之教，无为之益，天下希及之。”（《老子》四十三章）“多言数穷，不如守中。”（《老子》五章）语言是由无言之道决定的，“无言”生发“有言”，语言系统也规范于“无中生有，有无相生”的循环运行之中。“不言之教”是指圣哲经典的语言形式，表述不显露的“道隐无名”的事物，体量“深矣远矣”的“玄德”场景。海德格尔在论述“出场”与“缺席”时指出：“思想者不能言说最属于自己的东西，它必定是未言的，因为可言的是由不可言的决定的。” “不言之教”是无言之道在场的语言形态。东方圣哲经典的语言形式是直指本原。比如“无，名天地之始”“道生一，一生二，二生三，三生万物”，非常简练而明白——“无”是宇宙和生命的源头，“道”的一二三生发了宇宙的一切。西方哲学关于本原的语言形式是复杂的结构变换和逻辑分析，追寻思维结构的桥梁以通达本原。比如海德格尔的“存在”“存在的存在”“此在”“此一在”“在场、出场、缺席”等等。

中华圣哲的语言形式简易而深奥。因为简易，曾被认为中国没有哲学或没有形成哲学体系，这是一叶障目不见泰山。圣哲不总是在回答宇宙是什么，主要在于回答人生是什么，其宗旨是说宇宙人生的同一性。圣哲以“非常名”言说“非常道”，“道可道，非常道。名可名，非常名。无，名天地之始”。《道德经》开篇第一章就是“不言之教”的宣言，揭示宇宙潜在的原本——无。

进入量子时代，圣哲经典语言的隐含意义需要“量子诠释”来完成。做学问的要树立“天人合一”的良知，必须谦逊地学习科学发展的前沿知识并融会到“道说”的语言之中，这是现今阐明“元理论”的哲学方法论。

三十五、速度与人生二象性

一要体量。生命存在于二象性的两个世界，并且是同一的世界。要重视和持守内在世界的存在，它是暗宇宙的原本存在，可以用量子的波性与粒子性来比喻。其理性根据可以采纳如下判断：“道法自然”“天人合一”是中华文明内在的生存理念。

二是要学用合于天道的生命运行速度——道之大的速度，可以用量子纠缠的“恍惚”状态来比喻诠释。圣哲言道：“强为之名曰大，大曰逝，逝曰远，远曰反。故曰道大，天大，地大，人亦大。”道的速度是无限，自生发万物端始，赋予多元宇宙和万物各自独特的速度。比如我们生存的宇宙其绝对速度是光速，这是爱因斯坦的感悟，也是其思想实验的结论，它超越了黑格尔的时间绝对论。“逝”代表宇宙速度的逐层级落实，通达无限深远并且循环往复，是没有边界的无限。“天下之至柔，驰骋天下之至坚”“不窥牖，见天道。不出户，知天下”是生命内在世界自然无为的实在，像超远距离的量子纠缠那样与宇宙互动。以往注重于外在世界的场景，对此没有在意，处于大转型时期对此应该在意。

三十六、心学·内在世界

中国的心学是以王阳明为代表的，遵循与继承的是先圣哲学，是宇宙人生的学问，探寻的是内在世界。内在世界是道隐无名的世界，与外在存有同一性。人们可以见到自身的真如本性，并且可以尽情地发挥真如本性。

“道大，人亦大”是心学的纲领。人类文明之所以丰厚博大，在于宇宙的终极目的是自然心知的，宇宙的目的也是人生的目的。“人法地，地法天，天法道，道法自然。”“法”就是宇宙的目的性，是生命中的“自然”，佛与道皆在心中。

人类文明是人类天人合一的良知。量子力学、相对论、一切天体物理学的新发展皆是心学良知的自然绽放，是人类原本自身的光彩，是生命的自知、自化、自朴、自来、自正。道法自然也是“我自然”。

心学是人类自身原本具有的学向，是“外师造化，中得心源”的自然之法，既是尊道贵德的核心存在所包容的存在，也是“道大，人亦大”范畴内的深邃知识。

“不窥牖，见天道；不出户，知天下”是指“天道”“天下”自存心中，不需外求外见，格天下物事在于内在的良知；同时，这一“天人合一”的过程贯彻人类文明运行的始终。

三十七、玄德·玄牝·黑洞

新时代的文明要有新时代的原本信赖，也就是对文明新认知的联想与确定性的自信。首先要确信“深矣远矣，与物反矣”玄德的存在，此在是内在世界的主导，是文明深层次的存在形式，是宇宙的无极状态。《老子》六章有言：“谷神不死，是谓玄牝，玄牝之门，是谓天地根，绵绵若存，用之不勤。”人类文明就是内在“玄德”的展开与绽放，显现宇宙的奥妙，生发创新“大我”文明。我们以黑洞诠释“玄德”与“玄牝”的概念。“玄德”包容着“玄牝”，是宇宙生命体系的生发系统，行使着“无中生有，有无相生”的功能，“出生入死”也在于此。“玄德”“玄牝”是宇宙的核心存在，也是人类生命的核心存在，类似于科学前沿认识到的“黑洞”。每个星系中心都有一个巨大黑洞存在，恒星围绕其运行，吞吐一切，宇宙的大爆炸也与其相关。人类生命也像大宇宙一样有黑洞存在，包容于“玄德”之中，同宇宙黑洞相关联，是量子样式的纠缠，遵守“天人合一”的准则，因而人类文明与宇宙文明同步。

三十八、哲学思维与数学

在涉及“终极公式”的讨论时必定要对思维形式有个判断，因为量子力学和相对论的成立是以数学公式为框架的，也是认证的基础。在此，我们应该对数学思维与哲学思维有一个明确的判断：哲学是关于天道与人道的学问，体现在宇宙观与生命观的范畴内，是一切学问的纲领。哲学思维代表着“道”的总体思维路线，是一切思维的端始与纲领，“道者，万物之奥”。也可以说，数学思维是哲学的内在展开形式，是哲学的精微之光的发挥，是哲学恍惚状态的诠释。人皆有之，只是没有深入地观照。

从“道纪”的概念出发，“终极公式”的思维就是生命核心存在的自然发挥，是“人法地，地法天，天法道，道法自然”的法式，“知古之始，是谓道纪”（《老子》十四章）。总之，哲学思维与数学思维同一互通并且不断深入地互补，哲学是思维存在的存在，“我思故我在”是对“善为道者”的诠释。

三十九、自由与自然

东方哲学不孤立地讲“自由”的概念，而讲“自然”。西方的“自由”都分散在“自然”之中。“自然”是宇宙无限原本性的自在。自然包含着如下概念：自宾、自均、自知、自化、自定、自正、自朴、自爱等等，统归于“道法自然”。时空万类是相互关联的自然状态的善美，不存在孤立的自由，也不存在独立的命运。就像光子的二象性那样，没有独立的波性，也没有独立的粒子性，二者“同出而异名”。孤立的一个光子不会存在，只有恒星自然聚合性的光子才能照亮宇宙。

四十、玻尔的“互补性”诠释

玻尔在 1927 年 9 月纪念亚历山德罗·伏特逝世一百周年的国际物理学家会议上发表了他的《科摩演讲》，引入了“互补性”的概念。量子的互补性是对“相同”的最深刻的诠释，强调“天人合一”是宇宙的基本原则。玻尔讲：“我们在现代原子理论中遇到的局势，是在物理科学的历史上没有先例的。要寻找关于这一见识的有教益的一种平衡情况，我们事实上必须转向例如心理之类的不同的科学分支，甚至转向一类认识论问题——当试图把我们人类在存在的大戏剧中作为观众的地位和作为演员的地位调和起来时，释迦牟尼和老子之类的思想家们就已经遇到过那一类认识问题。”玻尔的意思是指科学与哲学具有相关性，还没有认识到哲学的纲领性作用，但已经发挥着诠释学的自然执行。比如《玻尔集》中所载，量子力学给包含在传统哲学中的对科学的解释的要求带来了新的照明。

当我们看待世界或看待一事一物时，首先应该把握住宇宙规律的二象性，也就是老子哲学中强调的“观无”与“观有”。要重视二者的同一性、互补性。如果偏离哪一方，或偏执哪一方，都会丧失整体性，都不是健全的生命总路线。量子力学指示我们，你所观察的宇宙或事物对象和你是密切相关的，你没有孤立于此外，你是其中的一部分，你既是观众，又是其中的演员。玻尔说："我们永远是在由'我是世界的一部分'这一事实所确定的条件下观察我们周围的一切。"

四十一、长生久视之道

圣哲言："深根固柢，长生久视之道。"（《老子》五十九章）

世界帝国兴衰史有一个突出的现象：西方的几个强大帝国衰落之后没有一个再复兴起来，都持续性地消沉。与此相对照的是中国，从有国家形式开始（比如夏商周），最明显的秦朝直至现在，有没落有复兴，持续性地往复存在与发展，没有西方帝国式的中断，是"曲则全"的路线。历史为何如此？在于"长生久视之道"，在于"深根固柢"的中华文明。

中华文明是由圣哲经典和大道哲学表述的。在中华文明伟大复兴的时代，大道哲学是人类文明前行的旗帜，承载着引领世界的使命。

四十二、诠释学的发挥

“轴心时代”哲学的引领性作用，在于适应时代的诠释学创新性地发挥，构建表述圣哲经典的时代性语言形式，以此解答历史的疑惑，树立宇宙人生的正见。

目前对哲学的同一性认知是不同文明朝向同一性共识的关键性问题。建立一个时代性的哲学方法论尤为重要。应该有两项工作要做：一是对人类“轴心时代”先哲经典的依赖；二是建立以人类前沿智慧成果为比喻概念的诠释体系，这是对元典深化的语言展开形式，其意义指向是宇宙观、生命观的高层级境界，是明晰的而不是晦涩的纠缠，明心见性。“量子诠释”可以妙契“轴心时代”经典之旨义。

在此纲领基础上，我们做了两项比喻性诠释。一是以艺术喻道，石画艺术体现了道法自然、天人合一、命运共同的哲学主题；二是以量子喻道，量子时代的人类前沿智慧创建的概念是圣哲经典最高明的比喻，是“道”运行规律的最有引领性的展开形式——哲学是科学的纲领，科学是哲学的展开形式，哲学引领科学，哲学引领世界。当考虑宇宙的组成时，西方哲学和科学提出了当时最基本、最小的概念——原子，而东方哲学认为宇宙的原本是“道之大”。“原子”是牛顿经典力学时代乃至古代西方哲学诠释为宇宙不可分割的基本组合，是当时深入人心的用语。而今，量子成为表述宇宙之力和宇宙基本组成的最具影响性的用语，它超越了“原子”的概念。量子的出现被理解为认知史上的一场伟大革命。因此，“量子诠释”的内容包含着人类智慧的前沿展现，是对“轴心时代”经典最具“万物之奥”的在场诠释，“道者，万物之奥”。

四十三、诠释学的一场革命

“量子诠释”的提出，霎时间令“轴心时代”的哲学更加明亮起来，以原本性、纲领性的身份引领人类文明的复兴与进化。从哲学的涵量上讲，人类智慧前沿性的展开，也是“天人合一”极高明的效果，反转过来又是诠释圣哲思想极其恰当的比喻和语境，“复归于朴，朴散则为器”。

“量子诠释”是指当代人类智慧的前沿科技成果，如量子力学、相对论等，已经绽放出哲学的展开形式。结合诠释学和训诂学的基本知识，构建起对“轴心时代”经典深入解读的气氛。这不是哪一家树立起来的学问，是普遍性的自然、自觉，是量子时代“道法自然”的特征。

以量子力学为代表的前沿科技成果的显现，打开了一个神奇的“众妙之门”，也给诠释学带来一场前所未有的革命性变革。那些自古以来的哲学之问，即刻明白起来；那些不在场的虚无和隐蔽的存在，即刻改换一个推陈出新的更加真切的诠释场景，是在场与不在场的同一，也是显与隐的同一。通过“量子诠释”体现了“科学是哲学的展开形式”的基本原则。智慧是原本性的发挥，又是对原本的解读。

四十四、爱因斯坦诠释文明的深度

“量子诠释”是对圣哲经典解读与展开的重要形式，关乎哲学的未来与文明的前行，对内外世界发起新思考以及“尊道贵德”的深化。

以下介绍爱因斯坦的诠释学问，资料来源于爱因斯坦所著的《我的世界观》一书。

1932 年《共同体与个性》一文中讲道：“一个人之所以成为‘人’，以及他的存在之所以有意义，并不在于他是一个个体，而在于他是伟大人类共同体中的一分子。从出生到死亡，共同体都将主导他的物质生活和精神生活。

“一个人对共同体的价值主要取决于他的情感、思想和行动能够在多大程度上促进共同体中其他人的生存条件。我们说他是好是坏，就是以他在这方面的态度为判断依据的。”这是对“天人合一”“命运共同”的哲学概念的理性阐释。

爱因斯坦感觉到了产生科学知识的“源泉”，直指生命的核心存在——“精”与“信”。他说：“客观知识为我们实现某些目标提供了强有力的工具，但是终极目标本身以及对实现它的热望必须来自另一个源泉。我们的存在和行为只有通过确立这样的目标及相应的价值才能实现其意义，对此观点，几乎不必论证。”

接着，爱因斯坦讲述“源泉”如何存在并如何发挥作用：“它们在健全的社会中作为强有力的传统存在，这些传统作用于个人的行为、抱负和判断，它们活生生地存在着，其存在的正当性不言自明。它们的成立并不是先通过证明，而是通过启示……人们不应该试图证明其正当性，而应该单纯而明确地感受其本质。”爱因斯坦所言及的“启示”，原本上是“玄德”的启示，是由量子态的“精”与“信”传达的。

爱因斯坦也讲哲学，也讲原本意识的存在，即“致良知”。1946 年写的《伯特兰•罗素的哲学》一文中讲道：“产生于我们思想中并且存在于我们的语言表达中的观念，从逻辑上看，都是思想的自由创造，它们不可能从感觉经验中归纳地获得。这一点并不容易被觉察到。”

爱因斯坦反复强调，无论概念或数学多么玄妙，都是由源头而来。“道生一，一生二，二生三，三生万物”，一、二、三是数学的原本之母，“知其白，守其黑，为天下式”。

1918 年 4 月 23 日，爱因斯坦在普朗克六十岁生日庆典上的致辞中讲认知宇宙原理，在于“先定的和谐”：“物理学家的最高使命就是得出那些普遍的基本定律，由此借助纯粹的演绎建立起世界图景。通往这些定律是没有逻辑通路的，只有基于对经验的同情直觉才能得到这些定律……莱布尼茨很高兴地称之为‘先定的和谐’……这是一种神圣的心理状态。”爱因斯坦从量子学家们的思维成果追寻智慧的来龙去脉，他引用的莱布尼茨的判断“先定的和谐”实际上包含于“道法自然”“天人合一”的观念之中，人类思想的解放要向宇宙观的深处扩展。

爱因斯坦1933年6月10日在牛津大学所做的演讲中说：“证明从基本经验中想用逻辑推出力学的基本概念和基本定律的所有尝试都注定会失败，结论是：必须自由地创造出来……我们的经验让我们有理由相信，大自然是可以想到的最简单的数学观念的具体表现。”“我认为单纯的思考可以抓住现实，正如古人梦想的一样。”

爱因斯坦是以科学前沿智慧来解读宇宙的源头和生命的核心存在。所谓“自由地创造”就是“法自然”的道路。相对论的产生是逻辑的失效，是“二象同一”的无为自然。

四十五、西方的“量子诠释”

关于“量子诠释”，一些国外的哲学家也有过近似的零星思考，比如美国的查尔斯·桑德斯·皮尔士（1839—1914），他应该了解玻尔和爱因斯坦的理论，受其影响，他的机遇论与进化宇宙观联系在一起。皮尔士认为，法则来自“无”或“纯粹的可能性”；宇宙的起点不是一个纯粹抽象的存在状态，相反，它只是没有任何东西的状态，它甚至不只是一个空虚状态，因为虚空也是某种东西，这是一个没有存在物、没有强制或法则的状态，它纯粹是一个机会或可能性的状态。

四十六、源头的记忆

“轴心时代”的圣哲把“道”确立为宇宙人生的源头，确立了“天人合一”的总体模式和运行路线：“道生一，一生二，二生三，三生万物”“人法地，地法天，天法道，道法自然”“道大，天大，地大，人亦大”。这些原则是人类历史发生、存在与进化的根据，不可忘记，更不要自我切断源头。道在人的心中，人生就是源头的活水，“为天下溪，常德不离”。

道以“量子诠释”而显现作用，发挥“轴心时代”的引领性光辉。“弱者，道之用。”（《老子》四十章）柔弱精微的量子状态是道发挥功用的形式。“朴虽小，天下莫能臣。”

在许多著作中看到：“哲学是一门源自古希腊的学问。”此种观点失去了哲学的整体性。以“轴心时代”为历史依据来判断，东西方哲学同时发生，哲学具有原本的同一性，又以二象性的形式展开，永远运行在“同出而异名”的路线上。人类与宇宙是同源的，东西方哲学也是同源的，不可分裂看待，也不可分别谁先谁后。比如说泰勒斯被誉为西方第一个哲学家，因为他说出了“万物的本原是水”。但是老子的哲学判断是“道生一，一生二，二生三，三生万物”“水几于道”，水只是对本原的比喻。东西方哲学都在追寻和确认本原，具有同一的目的。

四十七、满眼光明

文明，是宇宙人生使命完成的过程，也是“我自然”。近期，我讲课总是提及做人、做事的两句话：

满眼光明，
让人高兴。

“满眼光明”是指，面对信息繁多的世界，要多看光亮、澄明、美好的存在，我心光明，生命伟大，是文明的希望。佛家的一首诗是文明箴言：

春有百花秋有月，
夏有凉风冬有雪。
若无烦事惹心头，
一年都是好季节。

春夏秋冬也有阴霾、肃杀、酷热、严寒，但观照的是百花、明月、和风、银装素裹的美好，成就了文明的心态。

“让人高兴”是指与人交往的生存态度。“天之道，利而不害。”（《老子》八十一章）文明的主题是：天人合一，命运共同，包括在愉悦乐观的场景中。“让人高兴”也可以阐释为“人生三乐”：助人为乐、知足常乐、自得其乐。乐观永远是生命活力的发动者，是文明的希望。《易•系辞上》有言：“乐天而知命。”

四十八、抱一为天下式

任何复杂的公式都必定遵循道的“天下式”。简言之，道以“无中生有”的形式出场，然后进入循环往复的“有无相生”过程，以“逝、远、反”的运行路线“柔弱地驰骋”。人类文明贯穿着道的“天下式”，比如狄拉克方程。狄拉克方程是天人合一的思维成果，是“知其白，守其黑，为天下式”的哲学发挥。20 世纪 30 年代，狄拉克公式就预言了反物质粒子正电子的存在。这是对“同出而异名”的“无”与“有”原本概念的最高明诠释。1932 年，卡尔安德森便在宇宙线实验中发现了正电子的存在，证实了狄拉克的预言，狄拉克因此获得了 1933 年的诺贝尔物理学奖。1995 年，欧洲粒子研究中心在实验室中制造出了第一批反物质——反氢原子。1997 年，美国天文学家宣布，在银河系上方约三千五百光年处，存在一个不断喷射反物质的反物质源。在狄拉克方程的引导下，提升了对“无”更广泛更深入的认知：真空不再被视为空旷无物之处，而是各种各样能量汇聚的场所，量子场无所不在。

比如香农公式：C=Blog2（1+S/N）。

说到信息时代，必须提到香农公式。C 为信息速率的极限值，B 为信息宽带(HZ)；S 为信号功率(W)；N 为噪声功率；S/N 为信噪比。人们称香农公式是“信息时代的圣经”，是数字通讯时代的理论基石。现在，全世界都在用香农公式无比兴奋地发挥智慧，都在努力地向极限追寻。比如从 1G 到 2G，从 3G 到 4G 甚至到 5G 的通讯变更，通过不断革新技术，提高信噪比，增加宽带等等，香农公式充分发挥“道大，人亦大”的显在作用，也是对“精”“信”引领性的在场诠释。香农公式也是哲学的展开形式，“知其白，守其黑，为天下式”是宇宙的母系公式，是圣哲经典原本公式概念，可以生一、生二、生三、生万物公式。无论多么玄妙复杂的数学公式都不能脱离根基：哲学是科学的纲领，“多言数穷，不如守中”。

比如爱因斯坦的质能转换公式：$E=mc^2$。

爱因斯坦的质能转换公式，大大提升了人类宇宙范畴的视野，纠正了几百年来固守的思维方式，同时也是“道大，人亦大”的自然展开与进步。以往的科学界是把物理实在的质量与令物体具有运动能力的能量分别看待与研究，是互不交叉的存在。而今，质量可以转化为巨大能量，能量也可转化为质量，二象同一，同时也诠释了“无中生有，有无相生”的哲学深意是本原性存在状态。

以往认为能量与质量是两条不相干扰的平行线，沿着各自的轨迹独立发展。根据能量守恒定律和质量守恒定律，人们始终笃信：在一个封闭系统中的总质量与总能量各自存在，它们不会发生变化，两者之间也没有任何联系。但爱因斯坦说：原本不是这样的，应该转换一个视野，看待文明的发生与发展。

四十九、“朴”的核心作用

“朴虽小，天下莫能臣。”“朴”是宇宙人生的原本存在，是“三生万物”的源头，是“无中生有”的初始，这是不可忘记的历史，是人类文明的生发核心。

宇宙以及人类文明可以看作是一混沌体系，这就是圣哲描述的“惚兮恍兮”“无状之状”“无物之象”“有物混成”。

被誉为“混沌理论之父”的洛伦兹，于 20 世纪 60 年代发明了解决气象问题的微分方程组：

dx / at＝-10x＋10y

dy / dt= μ x-y－xz

dz/at=-8 / 3z+xy

由此引出一个重要的概念——蝴蝶效应。其关键性的特征是：系统的长期行为对初始条件的敏感依赖性，初值的微小差别会导致未来的混沌轨道的巨大差别；差之毫厘，谬以千里；一只南美洲亚马孙河流域热带雨林中的蝴蝶，偶尔扇动几下翅膀，可以在两周以后引起美国得克萨斯州的一股龙卷风。

洛伦兹的蝴蝶效应公式是对“朴”的一种诠释。朴，是宇宙的原本存在，也是生命的核心存在，发挥着“天下莫能臣”的文明效应。

五十、关于永动机和长生不老

19世纪早期，人们沉迷于一种神秘机械——第一类永动机。这是一种不需要能源就可以永远工作的机器。焦耳和达·芬奇都试图制造过永动机，热力学第一定律虽然是针对永动机的设计而提出的，最后却也彻底灭杀了第一类永动机追求者的幻想。

后来人们设想第二类永动机，那就是发明一种机械可以从外界吸收能量，然后利用这些热量驱动机械转动。但是热力学第二定律规定：物质不可能从单一热源吸取热量，使之完全变为有用的功而产生其他影响。所谓影响就是熵增加造成的混乱，是无望的热寂论。由此，第二类永动机也偃旗息鼓，同时也伤害了人类长生不老的美梦。

永动机和长生不老都涉及一个根本问题——永恒。人类强烈持久追寻的东西应该是个存在，尽管人类自己发明的定律否定了自己，但必定还有些超越自己的“敬畏”——“畏天命，畏大人，畏圣人之言”。宇宙人生的原本存在——道，是无限永恒的生命体系，是长生不老、生生不息的本体。道蕴含着有限的宇宙万物，有限又复归于无限。永恒体现在“无中生有，有无相生”的无限循环之中，“逝、远、反”构建起一切终极公式。人类个体生命是有限，但生命的核心存在又存有永恒的精髓，那就是“道大，人亦大”的无限可能。宇宙人生的思考是“思之无限”，要比“我思故我在”开阔一些、明确一些。虽然人类和宇宙相比有如一粒尘埃，但可以洞见宇宙的真谛，何也？“道在心中。”

五十一、玄德·宇宙情怀

人有情怀（精神或意识），宇宙也有情怀，人类源于宇宙。宇宙是一个无限伟大的生命体系，以“玄德”的样式展开生生不息的宇宙情怀，其主体内容是：“生而不有，为而不恃，长而不宰”“慈”“俭”“不敢为天下先”。译成现代语汇即是：慈爱、勤俭、尊重他人；在世界范围内不主宰，不称霸，讲和平，讲合作，讲命运共同。

人类文明史也是人类原本宇宙情怀的敞开与绽放，是“深矣远矣”的“玄德”凸显外在世界的场景。目前可以认知的显宇宙和外在世界，其实是暗宇宙或内在世界的一个创造。暗宇宙、内在世界包含在“无”的概念之中；显宇宙、外在世界包含在“有”的概念之中。二象性的“无中生有、有无相生”的法则一直持续有效。爱因斯坦的质能转换公式的左方能量（E）可诠释为暗宇宙或内在世界，其右方质量和光速（mc^2）可诠释为显宇宙或外在世界，二者的同一相关性彻底地澄明了本质与现象，澄明了“无”与“有”、实在与虚无的模糊观念，扩大了“道大，人亦大”的视野，增益了文明前程的企望。“量子诠释”给予人类文明一个更新更美更善的启示与澄明：人类存在着一个“道隐无名”的世界，并与暗宇宙“至柔”般地纠缠在一起，完成“天人合一”的神圣使命。量子时代人类文明的跨越式转折在于内在世界的澄明，并且要弘扬如下观念："道法自然""天人合一"是中华文明内在的生存理念。

五十二、指导思想

中国国家领导人关于“国际话语权”方面的经典论述，即本书的指导思想，做如下概述：

要加强国际传播能力建设，精心构建对外话语体系，发挥好新兴媒体作用，增强对外话语的创造力、感召力、公信力，讲好中国故事，传播好中国声音，阐释好中国特色。

世界那么大，问题那么多，国际社会期待听到中国声音、看到中国方案，中国不能缺席。

让和平的薪火代代相传，让发展的动力源源不断，让文明的光芒熠熠生辉，是各国人民的期待，也是我们这一代政治家应有的担当。中国方案是：构建人类命运共同体，实现共赢共享。

人类只有一个地球，各国共处一个世界。共同发展是持续发展的重要基础，符合各国人民长远利益和根本利益。我们生活在同一个地球村，应该牢固树立命运共同体意识。

和平、发展、公平、正义、民主、自由，是全人类的共同价值，也是联合国的崇高目标。目标远未完成，我们仍需努力。当今世界，各国相互依存、休戚与共。我们要继承和弘扬联合国宪章的宗旨和原则，构建以合作共赢为核心的新型国际关系，打造人类命运共同体。

这是一个需要理论而且一定能够产生理论的时代，这是一个需要思想而且一定能够产生思想的时代。

哲学社会科学的特色、风格、气派，是发展到一定阶段的产物，是成熟的标志，是实力的象征，也是自信的体现。我国是哲学社会科学大国，研究队伍、论文数量、政府投入等在世界上都是排在前面的，但目前在学术命题、学术思想、学术观点、学术标准、学术话语上的能力和水平同我国综合国力和国际地位还不太相称。要按照立足中国、借鉴国外、挖掘历史、把握当代、关怀人类、面向未来的思路，着力构建中国特色哲学社会科学，在指导思想、学科体系、学术体系、话语体系等方面充分体现中国特色、中国风格、中国气派。

各种文明本没有冲突，只是要有欣赏所有文明之美的眼睛。文明之美集中体现在哲学、社会科学等经典著作和文学、音乐、影视剧等文艺作品之中。“道法自然”“天人合一”是中华文明内在的生存理念。

五十三、时代文明的关键词

《文明概论》已经讲了许多，最后要有个简易的交代，确立时代的关键词：“道大，人亦大。”

时代的关键词能够展现东西方哲学“惟精惟一”的核心理念；能够共同表述宇宙人生来龙去脉的总体路线；能够体量“轴心时代”“往圣绝学”的宗旨；能够解惑、祛蔽，应答追根问底的哲学之问，比如我从哪里来、又到哪里去、为什么活着，提升人类文明的自知、自觉、自信。

圣哲有言：“多言数穷，不如守中。”（《老子》五章）老子仅用五千言就构建起包容宇宙一切的哲学体系，是简易之道。“道大，人亦大”源于《老子》四十二章的“宇宙生论”和二十五章的“道大，天大，地大，人亦大”。立于当代则由“量子诠释”表述：人生是宇宙人生，生命内在存有同大宇宙一样的“原本性核心存在”，有如天、地、道那样的伟大，“朴虽小，天下莫能臣”（《老子》三十二章）。人类文明史从“三生万物”之始，就是“道大，人亦大”的展开与发挥过程，与大宇宙同源并行；同样，每个人都存有“原本性核心存在”，人生是“道大，人亦大”的使命完成，既平常又神奇。儒家称生命的核心存在为“中庸”，由此成己成人，成其为大人；关键处在于自信与敬畏：自信“心中有仲尼”，“畏天命，畏大人，畏圣人之言”。孔子言大人与小人的差别有如下警句：“君子中庸，小人反中庸。君子之中庸也，君子而时中；小人之中庸也，小人而无忌惮也。”对东西方有普适性，体量中国哲学语汇的宏大气象。

天人关系，即宇宙与人生的关系，是哲学的根本问题，“道法自然”“天人合一”是主导性的答案；“道大，人亦大”是核心概念，具有原本性、凝聚性和普适性。重要的是让每个人在人类文明的历史长河中，觉悟到人生是什么样的角色，存有何等分量的使命，以及生活的意义与目的。

“道大，人亦大”充溢着命运共同的宇宙情怀“生而不有，为而不恃，长而不宰”，营造命运共同的精神家园。为了加深认知与体会，引用老子关于“一”的论述，“一”即核心存在：“载营魄抱一，能无离乎。”（《老子》十章）“是以圣人抱一为天下式。”（《老子》二十章）“天得一以清，地得一以宁，神得一以灵，谷得一以盈，万物得一以生，侯王得一以为天下贞。”（《老子》三十九章）

《六祖坛经》亦有明证：“一切万法，尽在自身中。”“菩提只向心觅，何劳向外求索。”天人一源，万众一心，允执厥中。道是宇宙的本体也是人生的本体，二者同一性即是宇宙人生的目的性和全部意义。

面对世界大变局、大转型，如何看得清人类文明的走向与趋势，如何判断历史事件的本质，如何澄明隐显纷纭的世界故事，在于把握三个要点：

一是立足于原本性立场，那就是“轴心时代”圣哲思想的光焰，永久的灯塔；“为往圣继绝学”是做历史学问的坚定不移的使命。

二是运用人类智慧前沿成果（量子力学、相对论等），构建继往开来的诠释语境，表明“哲学引领世界”的鲜明主题，做好“为天地立心、为生民立命、为万世开太平”的学问。

三是身临其境。在人类文明史上，只有中国文明没有中断过，是持续性的复兴，眼下又经历着无与伦比的伟大复兴。本书作者七十有七，身临其境，经久不移地传承圣哲文化，感悟着人类文明的平常与神奇。

宇宙万物、社会人生，必定自始至终存有一个“惟精惟一”的原本存在，主导着生命体系的无限与永恒；也必定是宇宙万物，包括人类，共同信奉和遵循的“核心存在”；这就是“轴心时代”圣哲经典所论述的“道”。“是以万物莫不尊道而贵德。道之尊，德之贵，夫莫之命而常自然。”（《老子》五十一章）以“道”为本体的中国哲学体系，代表着“轴心时代”的哲学宗旨，进入量子时代则发挥引领世界的作用。

“道”是宇宙的源头，是万物的源头，是人类的源头；“道”是东方的，也是西方的，是共同命运的原本。“道大，人亦大”是人人具备的“核心存在”，在于“尊道贵德”的展开与发挥。因此，“道”是与世界文明对话的依据与基础，是共生共存必然信赖的话语形式。

讲述人类文明史必须简易地表明两个关系，即哲学与宗教、哲学与科学；由此树立起“道之尊，德之贵”的旗帜，光明正大地“畏圣人之言”，行“无言之教”。宗教与科学不是原本性的存在，也不是第一性的文化，它们的产生与生发同宇宙万物一样，依然是宇宙“生论”的范畴，顺应无限永恒的生命体系脉络——“道生一，一生二，二生三，三生万物。”因此，“道”是宗教与科学的母系概念，哲学在宗教之上，哲学引领科学。量子论、相对论来源于“道大，人亦大”的核心存在，爱因斯坦的思想是“道法自然”的绽放。总之，以“天人合一”的宇宙人生观看待宗教与科学，全然是生命本身文明自然自在的发挥与展开。量子的样式与功能就是你自己原本的发挥与展开，陆九渊比喻为“本心功夫”。不要把科学与自身存在隔离开来，要确信：量子功夫也是你“本心功夫”，一切科学前沿成果都源于生命的“核心存在”，“道者，万物之奥”（《老子》六十二章）。圣哲讲述道的奥妙，其中心意旨是指人生自身，人人皆有道，人人皆可成就圣人。对此，王阳明的诗句展开得比较真切、明白：

个个心中有仲尼，只是良知更莫疑。
人人自有定盘针，万化根源总在心。

这关乎生命的本质，关乎宇宙人生的大义。生命就是使命，生命的目的是使命完成。每个人都有各自的使命，汇合成人类的全然整体的使命；人类的全然使命是同宇宙同源并行。“天人合一”表述了宇宙人生的终极意义，“道大，人亦大”观照着对自我的思考与发扬。人生不止一个使命，像量子那样有多个历史，但是具有一个原本性的主体使命——性本善，东方哲学是用“道”包含、喻示。《中庸》开篇即讲“天命之谓性，率性之谓道，修道之谓教”，“道”通达宇宙人生，通达东西方文明，人类从根本上具有共同性的自觉与自信。

第二编　谈《展望21世纪》

一、池田的序言

1. 祖先产生的自我意识。

【评述】

认可意识的原本性。

2. 人类作为身心的统一体。

【评述】

二象同一性。

3. 西欧在人类史的最近阶段掌握了主导权，扮演了支配的角色……在人类史的下一个阶段，西欧将把其主导权转交给东亚。

【评述】

他没有说清楚为什么这样，也没有确定是什么在引领。我们的观点是："轴心时代"以降，东西方哲学交替性地引领世界；牛顿力学时代由西方哲学引领，量子时代由东方哲学引领。哲学为什么引领世界，由"量子诠释"回答。

4. 两位学者一致预言：人类历史的下一个阶段会

实现政治与精神方面的大同，这种巨大的变革必须以全人类的平等为前提……以自主形式加以实现。

【评述】

这符合“天人合一”“命运共同”的哲学主题。

5. 应使自我与终极的存在合为一体。

【评述】

“终极的存在”绝非是以人的形态出现的人格化的神。池田认为“终极的存在”是“佛境”，他还没有提升到“大道哲学”的境界。

6. “人类的永久性精神课题乃是扩大自我”，将自我主义扩展为与“终极的存在”同样广延的东西。事实上，自我和“终极的存在”是不能分割的。印度教中有“汝即梵”的格言，阐述了“人”和“终极的存在”的同一性。

【评述】

这一段说法符合“天人合一”的命题，都是在表述“道大，天大，地大，人亦大”；大道哲学也是生命哲学，“人亦大”是人类进步的主题，是终极目的。

7. 目前，人类面临着共同的各种问题，也将目睹一个共同的世界文明的诞生。

8. 对终极的理解：深入剖析了人类本性中意识之下的心理层，探索了存在于其中的可称之为人类本性的各种要素——这是任何时代、任何情况下整个人类所共同的。但人类本性的各种要素依然是植根于造化宇宙万物的“终极的存在”这一基点上的。

【评述】

两位学者所说的“终极的存在”可以包容于中国哲学的“大道”之中，包容于“无”“有”“玄”的原本概念系统。也可以说佛境、道界、儒性就是“终极的存在”。

“道”并非像西方宗教那样是以人的形态出现的人格化的神，而是包括物质与非物质的一切存在。

9. 人类社会是网络组织。人类社会的规范、风俗、习惯是相互关联的，形成了一个网络。

二、人类是怎样的一种存在

1. 认为人类以外的动物没有自我意识。

2. 不赞成“把人的生命只看作物质”，也不赞成“把精神的作用看成是一种虚构的现象”。

3. 关于遗传与环境。

【评述】

我们认为，遗传学各派都没有依据先哲生命哲学确立的基本原则。生命为什么没有灭绝，是因为“无中生有”“有无相生”的循环往复。生命与宇宙的关系不是舍去自我，而是“天人合一”，融入本体中自化为“我亦大”。

4. 精神与肉体的关系

池田用佛法讲“色心”不二。

汤因比说：“只有把二者作为一个统一体来看待，才能既理解物质又理解精神。”

【评述】

量子的波粒二象性开辟了一个真切鲜明、引人入胜的比喻。两位学者的观点还没有达到量子二象互补的境界。

5. 深层心理的探究

两位学者都认为人类智慧来源于潜在意识，汤因比讲“是直觉的源泉”，池田讲“科学中的伟大发现，和伟大艺术家的创作灵感一样，是从直觉产生的，这是不可思议的事实”。同时池田也谈到了佛法“唯识论的末那识、阿赖耶识和第九阿摩罗识”，并构想如何驾驭潜在意识的深层。

【评述】

中华先哲认为宇宙本体和“人”具有同一性的构成，人类生命的核心存在是“精”与“信”，与天、地、道同等之大，也就是说具有与宇宙同样的智慧与能力。“道大，天大，地大，人亦大。”人类在发生、发展、前行的过程，也就是智慧与能力展开的过程，也是“天人合一”“明心见性”的过程，不是“驾驭”，而是“无为自然”的展开。生命的核心存在发生于内在世界，与暗宇宙具有同一性。如何展开“道大，人亦大”的智慧，王阳明的“致良知”比“潜意识”说得更明白更贴近现代人心。

三、人类周围的环境

1．人类与自然

池田讲佛法的“依正不二”，是指人类与自然环境的同一性。

【评述】

老子讲的“自然”更在于人类内在世界与道的同一性，那是“深矣远矣，与物反矣”的玄德境界。

2．天灾与人灾

池田说：只有当产生了人类的内在变革，才可能找到防止灾害的方法。

【评述】

“道法自然”“天人合一”是中华文明内在世界的生存理念。这样的内在世界决定着人类的祸福状态与生存方向。

汤因比说：关于人类生命和其环境的关系问题，我们只有采取宗教上的方针，才能重新获得与我们的祖先相同的认识。

【评述】

哲学应在宗教之上，宗教是哲学的一种诠释，宗教是奉圣哲经典为教义并形成组织的一种意识形态。宇宙人生的最高处是“道”，而并非宗教。

3. 关于世界末日

池田说：世上许多有识之士都说，照此下去人类的未来绝不会是光明的。

汤因比说：由神的意志来决定末日的这种信仰起源于袄教，后来成为犹太教、基督教、伊斯兰教的信仰。

【评述】

中华圣哲认为人与天、地、道共同存在，“执大象，天下往；往而不害，安平太”。世界的存在不是由外在决定的，而是由内在主导的，人类的生存依赖于“道法自然”“天人合一”的理念，依赖于“人法地，地法天，天法道，道法自然”。世界没有末日，天长地久，量子不死。不要用“沉沦”“堕落”“异化”的字眼来表述外在世界的一些是非现象，一定抱着一个坚定不移的信念——宇宙人生是伟大光荣的展开与发挥。

四、智慧的生物——人类

1. 关于教育、学问

汤因比说：教育的正确目的，归根结底是宗教性质的东西，不能只图利益；使人理解人生的意义和目的，找到正确的生活方式。

池田说：现代教育陷入了功利主义，这是可悲的事情。

【评述】

我们认为，既不要把教育归根于宗教，也不要将现行教育判定为“功利主义”，世界性的教育形势是大势所趋，“无为而无不为”。教育的总体原则即《中庸》开篇之语：“天命之谓性，率性之谓道，修道之谓教。”

教育的主导原则是哲学而不是宗教。中国哲学是关于天道与人道的学问，是一切学问的纲领，是宇宙和生命的同一系统，是总体路线和深远观照，是生命核心存在的启动。

2. 池田说：现代的学问是要科学地分析一切，似乎忘记了人性的更重要的东西。

汤因比说：科学从来是在各种现象的特性中，为了技术目的以外的所有目的，而无视于最重要的东西，并且只在这个局限内取得了成功。

【评述】

他们可能没有深入地把握人类前沿智慧的科学成果，如量子力学、相对论、天体物理学等，它们已经是大道哲学的展开形式，是创新状态的诠释和比喻。它们是科学亦是哲学，在世界的舞台上既是演员也是观众。“量子诠释”也具备池田所说的“佛法五眼”的特征：肉眼、天眼、慧眼、法眼、佛眼。

五、为了健康和福利

两位学者认为，今天的医学界对生命尊严的敬畏越来越淡漠了。医生轻视伦理观，把生命物质化了。

【评述】

我们认为：两位学者说的主要指的是西医，西医是由西方哲学引领。近百年来，西医对物质器官的研究获得了巨大成效，体现了文明的进步，但是它忽视了生命二象性的另一个方面，并且是原本性的。东方医学，尤其是以中医为代表的中华民族传统的医学医道，是由大道哲学引领的，重视生命的整体性，重视人的内在世界，重视人类赖以生存的根本，重视社会人生与宇宙生生不息的同一性。这是维系生命健康的原本之道。因此，东方哲学引领世界的时代，也是中医中药体系引领人类新一周期健康观念的时代。

六、社会动物——人类

池田说：人类是生命的存在。

汤因比说：生物天生的本能，就是为了利己的目的来利用其他生物，而且是除自己之外的宇宙间的一切。

【评述】

两位学者都在笼统地谈生命或生物的存在，没有说明人类与其他生物或生命的区别。这不是正确的态度。

东方圣哲认为，人与其他生命的区别在于人具有天、地、道的伟大品格。生命的“精”与“信”中储存着宇宙的一切道德、智慧与能量，并且秉持着“宇宙之母”大爱无疆的情怀，老子称其为“三宝”——“一曰慈，二曰俭，三曰不敢为天下先”。这是人类存在的原本基础。人人都可成为圣人，人人都可是大人，这是人类进化的前景与目标。

七、20世纪后半叶的世界

1. 关于爱国心与人类爱

池田说：对现代人来说，生活的基础已经扩展到世界规模，像过去那样把人的生存基础禁锢在国家这一有限的框框里，并且相信这是人类生存不可缺少的因素，那样的时代跟现在已完全不同了。因此，如果在现代寻求相当于过去本来意义上的爱国心这个理念的话，我想那一定就是把全世界看成“我的祖国”的人类爱、世界爱。

2. 汤因比说：现在人类居住的整个地区，在技术上已经统一成为一个整体，因此在精神上也需要统一成为一个整体。以前只向人类居住的局部地区，或向政府献身的政治热情，现在必须奉献给全人类和全世界，不，应该奉献给全宇宙。中国新儒学派的哲学家程颢说：“仁者以天地万物为一体，莫非己也。”又说：“仁者浑然与万物同体。”按照王阳明的世界观来说就是：“大人者，以天地万物为一体也，其视天下犹一家焉。”

我相信人的正确的崇拜对象是“存在于宇宙之中，宇宙的彼处”，宇宙背后的某种“终极的精神之存在”。我还认为这种终极的存在就是爱。在这个意义上，我赞成王阳明的格言：“至善者，明德亲民之极则也。”爱就是代索取为给予的一种精神上的冲动。爱还是把自己引回到跟宇宙调和的一种冲动。

【评述】

汤因比引用了程颢与王阳明的宇宙观和生命观，传承的是先哲的经典。老子讲的宇宙情怀，儒家称其为“明德”“亲民”，是指“生而不有，为而不恃，长而不宰”的大爱无疆的母系情怀，指的是老子讲的“三宝”——“一曰慈，二曰俭，三曰不敢为天下先”。人类秉持着“道大，天大，地大”的品格，尤其在当今世界，将持续发挥“大人”“圣人”的奉献精神。这也是中华文明复兴的主题内容所在。

八、走向一个世界

1. 关于世界统一和中国与世界

池田说：从两千年来保持统一的历史经验来看，中国有资格成为实现统一世界的新主轴。

池田纠正了汤因比的说法——作为将来的一种可能，中国也许会统治全世界而使其殖民化。池田说：中国人是希望和平与安泰的稳健主义者。实际上，只要不首先侵犯中国，中国是从不先发制人的。近代以来，鸦片战争、中日战争、朝鲜战争以及迄今和中国有关的战争，无论哪一次都可以叫作自卫战争……中国基本上还是大力推行着世界主义、中华主义。

汤因比谈了中国引领世界的八大优势：第一，中华民族的经验。在过去的 20 世纪中，中国始终保持了迈向全世界，成为名副其实的地区性国家的榜样。第二，在漫长的中国历史长河中，中华民族逐步培育起来的世界精神。第三，儒教世界观中存在的人道主义。第四，儒教和佛教所具有的合理主义。第五，东亚人对宇宙的神秘性怀有一种敏感，认为人要想支配宇宙就要遭到挫败。我认为这是道教带来的最宝贵的直感。第六，这种直感是佛教、神道与中国哲学的所有流派（除去今天已灭绝的法家）共同具有的。人的目的不是狂妄地支配自己以外的自然，而是有一种必须和自然保持协调而生存的信念。第七，以往在军事和非军事两方面，将科学应用于技术的近代竞争之中，西方人虽占优势，但东亚各国可以战胜他们，日本人已经证明了这一点。第八，由日本人和越南人表现出来的敢于向西方挑战的勇气。我希望把它贡献到和平解决人类问题这一建设性事业上来。

【评述】

20 世纪 70 年代的两位国外学者能对中华文明和中国的前途有如此的看法和预见，应该说超越了很多学者的见识。他们是立于宇宙和人类整体的平台上评述人类社会的古往今来，体量生命的内在世界。

两位学者都强调宗教是主导性的，这容易混淆宇宙原本与生命原本的概念，也不容易处理上帝和科学的相关性。我们简易的说法是：哲学在宗教之上，哲学引领世界；哲学是一切学问的纲领，科学是哲学的展开形式；哲学引领科学，“无为自然”对科学永远是自控性的，“天之道，利而不害”。

两位学者是对中华民族历史和中华文明精神做了深入研究之后而形成的远见卓识的判断。从言谈中好像偏重于儒家和“二程”、王阳明的思想，很少谈及老子哲思。我们认为“轴心时代”以降的人类历史是哲学引领，是东西方哲学交替性引领；牛顿力学时代是西方哲学引领，量子时代是东方哲学引领。人类需要一个“文明认同”，以完成“命运共同”的使命。确立起基本原则，就要说明什么是东方哲学。东方哲学是“轴心时代”孔子、老子、释迦牟尼三圣建立起来的儒家、道家、佛家文化，三者哲学部分的终极统一称为大道哲学；大道哲学也是东方哲学的旗帜和主干，大道哲学是引领世界的旗帜。

当今，人类社会需要大道哲学的宇宙观和生命观的润泽和启动；“天人合一”“命运共同”是新时代的哲学主题；“道法自然”“人亦大”是人生内在世界的生存理念。

九、哲学与宗教

1. 关于生命的起源

关于生命的起源问题，两位学者是有分歧的，池田谈得比较多，汤因比虽然表露出不赞同，但没有发表自己的主见。因此，本节以池田说法为主。

池田首先引用苏联学者奥帕林和英国的潘纳尔的观点：他们认为在地球的进化中，自然地发生了生命。按阶段来分，最早是从无机物中产生了有机物，接着是蛋白质的形成，进而由于发现物质的新陈代谢而知道产生了生命体。汤因比评论说：那些科学家只不过是把生命作为物质现象，从这一立场出发去探索发现生命的转机何在而已。

池田最后用佛法来理解生命的起源：如果只用有、无这两个概念来研究宇宙的话，宇宙中生命的发生就只能是无中生有。佛法把生命理解为它是超越有无概念的。从某种意义上说，它是潜藏着产生有可能性的一种叫作“空”的无的状态，即把“空”理解为内含于宇宙中的实际存在……宇宙本身就是有生命的存在，包含着处于“空”的状态的生命。它作为“有”而具备表面化的条件时，宇宙任何地方都有出现生命体的可能性……由此看来，宇宙本身就是“生命之海”。汤因比评论说：我感到生命和存在即其本身仍然是神秘的，用“发现”这个观点是说不透的。

【评述】

首先要确立一个信念，那就是“轴心时代”先哲建立的认知路线应该是人类赖以生存的理念，这是我们认知宇宙与生命的纲领。老子的宇宙观与生命哲学对于生命的起源有简易而确定性的论述：宇宙是无限永恒的伟大生命体系，以“道”为源，确立“无”“有”“玄”为原本性概念。“无”与“有”是“道”的两个方面，具有同一性，“玄”即是“无”与“有”的同一存在。“无”是生命的端始，“有”是万物之母，“道”生发了一级宇宙本原，生发了二级宇宙本原，生发了多元宇宙。多元宇宙——“有”生发了人类生命和万类生命，这就是“道生一，一生二，二生三，三生万物”。

总之，人类与宇宙时空同一性地创始与生发，同时人生也具备了和宇宙同等之大的存在。“道大，人亦大”贯穿着宇宙人生的始终。阐述此理是哲学的最高明学问。

池田以佛法“空”表述生命的原本，也是大道哲学的范畴，但是汤因比不好理解。我们应用“量子诠释”可以把对先哲“生论”的理解引向深入并给出前沿性的扩展。暗宇宙、量子纠缠、质能转换、波粒二象的互补、上帝粒子的形成等量子论、相对论的新发现已经令人信赖“整个宇宙是从无中创生出来”的论断，这就是“科学是哲学的展开形式，哲学是科学的纲领”对认知领域的开拓。我们列举爱因斯坦的质能转换公式（$E=mc^2$）来说明“无中生有”这个最不可思议的论断。相对于物质而言，“无”是非物质态存在，是“无状之状，无物之象”的能量场，应该包括“视而不见”“听而不闻”“触而不得”的精神、意识、智慧和宇宙情怀，当然是正能量与负能量的集合。这样存在的“无”刹那间就可以化生为具有质量结构的生命以及宇宙万物。这就是由质能公式引申表述的宇宙生发规律。公式右边的光速（c）在我们生存的宇宙是决定性的，它也决定着变幻莫测的时空。速度在宇宙的生发过程中也是决定性的，宇宙的原本速度，也就是“道”的速度是无限，由此向下落实，落实到各层级宇宙，落实到宇宙万物。因此，爱因斯坦说，光速决定着我们生存的宇宙，而不是时间。这个判断来源于老子的“道之大”：“有物混成，先天地生。寂兮寥兮，独立而不改，周行而不殆，可以为天下母。吾不知其名，字之曰道。强为之名曰大。大曰逝，逝曰远，远曰反。”逝、远、反是指道以无限的速度流畅地运行，佛家讲的“刹那”、道家讲的“惚恍”是在追寻速度。生命是由“象”“物”“精”“信”四项元素在惚恍状态下构成，“惚恍”包含着精神和情怀，否则人的魂魄则没有根底。宇宙大爆炸论只是宇宙的局部事件或现象，但是提示认知生命的起源是爆发式并潜在于暗宇宙或内在世界，“道隐无名”。

谈论生命的起源的目的不在于探讨生命是如何发生，而在于研究生命为何发生及其发生的意义。此问题放到下节讨论。

2．生命的永久性

本节讨论的是生命是否永存，生命在死后是否继续存在。因为人类一直在追求长寿，所以这是一个持续久远的追问。

汤因比：人死后身体要还原为无机物。但是佛教、印度教、祆教还有三种犹太教都一致认为，肉体的死亡并不意味着生命的终结，同时一致认为，死后生命还要以肉体形式重现。

然而死后复活的肉体都是灵的肉体，跟人们寻常所见的肉体不同。

佛教徒和印度教徒认为，人可以多次托生，并认为再生是无限反复的。但是西方四种宗教都相信只有一次的再生是永久存续下去的。

印度教，还有希腊宗教的一些流派认为：灵魂寄托于肉体在这个世上投生以前，已在无限期地存在着。而在这个世上的肉体死亡以后，也要无限期地继续存在。另一方面，基督教认为肉体在母胎里寄托的一瞬间，神就创造了灵魂。灵魂一旦被创造，死后也将永远存在下去。

虽说如此，在作为人类活动的场所——现今世界的范畴中，我不能相信，人在降生以前就已经存在着，或死后也会继续存在下去。

“灵魂不灭”说和“再生”说都找不到足以说服人的依据。同样，我所相信的有“终极的精神之存在”也找不到有说服力的证据。我觉得要理解我们所居住的宇宙本质，人们的智力是极为有限的。我们对人生所面临的几个最重要的疑问，不管怎样合理地应用手头的信息，也是难以解答的。因此我们只好按着不能验证的假说去行动。不管怎样，我们毕竟要采取行动的，为此，我们只好从开始就相信这种假说。

康德指出，时间和空间的概念，对人们思考来说是无法回避的范畴。根据爱因斯坦的说法，时间要靠空间测量，空间要靠时间测量，此外别无他法。但是说这三个范畴——时间、空间、时空，具有客观的实体，我们果真有推断的根据吗？

根据您（池田）的说法，人的真实存在是在空的范畴中吧，我想这也是确认个人和宇宙的一体性的印度教格言“汝即梵”所表示的含义。作为结论，可以说在我们寻常所说的身心统一体的人的存在期间，死这种现实就是肉体方面的分解。但从“存在即其自身”来看，实际上不过是由人的想象力的极限所产生的幻想而已。因此，关于“终极的存在”以至“空”的疑问，用时间和空间观点机械地去看，是得不到答案的。

对于印度教、佛教讲的轮回转生概念，袄教、犹太系宗教讲的死者只能复活一次的概念，我的智能是理解不了的。印度教和佛教，还有袄教和犹太系宗教，都主张人死后作为身心统一体再生之前，有个中间阶段。对这种说法，我也是不理解的。

池田：博士（汤因比）举出的所谓“高级宗教”都说死后生命是永存的，可是，其内容有很大不同。

基督教把死后复活的肉体叫“灵的肉体”，认为现实的肉体是被污秽了的东西。

各宗教关于死后的生命观，大体可分为两种：一种是佛教、印度教主张“轮回”说；一种是以基督教为中心的西方宗教主张“灵魂不灭”说。

生命永存，以及肉体解体后生命将以怎样的形态存在等，这些的确都是难题。比如，也可设想，生命与博士所说的存在于宇宙背后的终极的精神存在“合而为一”。但这样也有问题，是所有的生命一律平等地合一呢，还是按生前的善恶，有的合一，有的不合一呢？我认为博士的思想是特别强调以人为中心的一种新的宗教观，它是和佛教一致的。

的确，人的知识有限，对于超越知识范围的宇宙的终极或关于人的生命本质的定义，都只好用假说来说明。宗教上的假说要靠怎样去说人们还不能理解的现象，以及在此基础上的判断或行动是否有效来加以评价的。

我认为所有的人类生命，都是个体的存在。同时在生命深处，也和所谓宇宙生命合而为一。因此我想可以认为，即或由于死亡，现实的肉体还原为无机物，在精神的存在中所包含的肉体倾向性，还继续存在着。而且遇到机缘，肉体大概就再以看得见的形态继续存在。

我认为时间、空间是人创造的概念，是人的生命在其活动中设立的框框。如果没有这种生命活动，那也就不可能有时间和空间。因此，认为时间和空间是绝对的存在，并要生命本身纳入这个框框，这种规定本身可能是本末倒置的一种想法。

佛法上把我们死后生命存在的方式，用“空”这个概念表示。总之，按佛教的说法，可以说生命的本质表现为，“生”即“有”和“死”即“无”，又永远存在下去的一种超时间的存在。

大乘佛教说“生死不二”，是说生和死是生命这一超越时间和空间的存在的两种不同显现方式。所谓死就是生命的“冥伏”状态，“冥伏”不能归结为无。

作为身心统一体的生命，是假的形体，其中包含着“空”。死后的生命，作为“空”而存在，其中蕴含着假的倾向性、方向性。贯穿在“假”和“空”中的生命本质称为“中”。佛法认为“空”“假”“中”是融为一体的。

【评述】

对生死的看法，两位学者依据的是宗教，并且认为宗教的说法是“假说”，因此给读者的信息是：自由判断，可信可不信。原本性的判断应该是“哲学在宗教之上”，先哲的生命观是原本智慧的绽放，是人类赖以生存的统领性理念，这就是“轴心时代”的圣哲之道，不是“假说”，而是可以永久依存的真理。老子言：“象帝之先。”我们的看法是依据大道哲学，“执大象，天下往；往而不害，安平太”。

“量子诠释”可以协调关于宇宙和生命有关问题的认知分歧，并可以加深和扩展对圣哲经典的理解与注释，也包括宗教的问题。量子波性的发现和二象性互补原理的确立，颠覆了牛顿经典力学时代的常规定律和主导性的判断。同时，也是圣哲原本概念的无比深邃的展开形式，佛家称作“筏喻”。

生命存在于两个世界，一个是内在的，一个是外在的，并且“两者同出而异名，同谓之玄”。这是“道”的生发过程，道的二象性“无”与“有”观照着生命的两个世界，如同量子的波性与粒子性那样二象是统一体，是互补的。生命的二象性也对应着宇宙的显宇宙与暗宇宙，由网络结构组合成无限永恒包容一切的生命体系，“天网恢恢，疏而不失”。生命和宇宙一样是网络结构，生命在宇宙之中，宇宙是生命的核心存在，这也回答了“汝即梵”和“生死不二”的问题。

中国哲学把生命之道看成是两个方面的存在，一方面是形而下的，也就是可见、可闻、可触及的存在；一方面是形而上的，也就是老子所言的“视而不见”“听而不闻”“触而不得”的“夷、希、微”。

池田与汤因比两位学者称之为肉体存在与精神存在或灵魂。为了便于理解和统一，我们划分为“物质存在”与“非物质存在”，并以量子的粒子性与波性来比喻。生死是生命二象的相关性，老子讲“出生入死”。死亡是物质态的肉体脱离了生命的核心存在，并继续参与宇宙间物质与能量的转化过程；同时，非物质态精神性存在，老子称为“精”与“信”或“玄德”，是与天、地、道同等之“大”的存在，“深矣远矣，与物反矣”。圣哲所说的“大”是“逝、远、反”的无限与永恒，因此生命的核心存在“精”与“信”永恒存在，“无死地”。“精”与“信”是“无状之状，无物之象”的量子状态，在我们生存的宇宙是超越光速的量子状态，是没有时空概念的，量子不死。圣哲说不死的生命参与了宇宙间的“复归”程序：“各复归其根”“复归于无物”“复归于婴儿”“复归于无极”“复归于朴”“复归其明”。海德格尔也在追寻“双重归基”，对于生死问题认识一个基本原则，足矣。细微之处，各有其道，在于自明、自化、道法自然。

认知生死问题的目的不在于对宗教或哲学概念的解读，而是要给出生命与宇宙同在的意义，确立生命的使命与自信。这就是《易经》讲的“以通神明之德，以类万物之情”。

道是宇宙的本体，也是生命的本体，道在生命之中，人生秉持着“道之大”的宇宙情怀、智慧与能力，人类的核心存在——“精”与“信”永存于宇宙之中。“精”与“信”包含着“致虚极”状态的量子功能，运行着多元宇宙的多元历史，刹那间参与宇宙万物的交流纠缠，完成潜隐着的内在世界的人生使命。只有用“天人合一”“命运共同”的宇宙观和生命观体量生死问题，才能明白外在世界的生死问题。

关于时间与空间，两位学者也没有说得很清楚。汤因比也没有把爱因斯坦的相对论说清楚。圣哲经典关于宇宙和生命二象性与两个世界的观点，可以令人耳目一新。

圣哲经典认为，宇宙和生命是“同出而异名”的二象性存在。量子力学波粒二象性的发现更深入而真切地表明人活跃在两个世界，即内在世界与外在世界，二者具有不同的时间与空间概念，并且惚恍、刹那之间具有同一性和互补性。生命外在世界的时空概念，比如一年四季、分秒小时、过去现在未来、上下左右等等是可以确定的，这是人平常生活的数量标准，也是肉体生存的依据。然而生命内在世界的时空概念则与外在的大不一样，就如同波性与粒子性那样不同寻常的差异性。内在世界是非物质态的，比喻为“无状之状，无物之象”“致虚极”的量子场，因为是超光速运行，因此时间与空间的概念是不可确定的。“道大，人亦大”的生命伟大本质存在通达宇宙原本，可以“复归于无极”，可以存在于“天人合一”的时间与空间，也可以存在于二象同一的时间与空间。相对论给予的重要提示，就是在我们存在的宇宙中，光速是绝对的，是决定性的存在，它决定时间与空间，因而改变了以往的时间绝对论。生命的核心存在“精”与“信”是量子态或超量子态的速度运行。老子所言“天下之至柔驰骋天下之至坚，无有入无坚”。因此，可以理解生命精神超越了平常的时空概念，汇合于无限与永恒。

3. 关于宇宙

两位学者都认为怎样思考宇宙很重要，但他们所涉及的基本上都是以往宗教的观点，谈论的科学方面的知识也脱离了哲学。因此，不会给社会人生和存在的世界带来鼓舞和引领性的建议。

池田：我们所居住的宇宙究竟是什么样子，这一问题很早的古代起就一直议论着，并使得很多天文学家和哲学家大伤脑筋。研究宇宙的根本问题，大体可分为两大方面，一个是关于宇宙的大小问题，另一个是关于宇宙起源问题。

汤因比：一旦进入宇宙的整体问题，对其本质的理解问题，我们就感到巴比伦人和希腊人同样是无知的。关于物理宇宙的历史及其领域问题，我们也跟他们一样，只是那么一点儿知识。关于整个宇宙的面貌跟他们一样，只限于推测而已。

池田：宇宙膨胀学说告诉我们，距离我们二百亿光年的宇宙是我们无法感知的，因为它超越了科学所及的范围。目前，一方面认为宇宙只有一个，宇宙之外是一片虚无的世界扩延着；另一方面认为宇宙可能是复数，有膨胀着的宇宙，也有收缩着的宇宙。

汤因比：古代印度人和基督教以前的希腊人，都相信空间和时间的结构，运动是如此循环的东西。按他们的想法，一切事物现象，一切存在，都在同期性地无限地反复着。

池田问汤因比：您也用过“novelty（新产物）”这一词。具体地讲，它的含义是什么呢？

汤因比：“novelty”这个概念，是指以前不存在的某物，有了开始存在的可能性。换言之，就是从无中生有的可能性。这在理论上是难以想象的，可是实际上存在着“novelty”。

池田：关于博士指出的“novelty”的想法，即或从现象上看，可以说存在着从无中生出有的那种现象。我想用佛法所说的“空”这个概念是可以说明的。

汤因比：有些推论，地球和宇宙以及它们所包含的万物，一定有它们的开端。因此，也要回归于无。也有另外的思想家认为宇宙是永存的。相互对立的两种宇宙理论，谁是谁非，还不能证实。

如果把宇宙看成是有限的话，就不得不做出这样的结论：宇宙是某种力量所创造的，而这种力量，按时间和空间的基准是不能想象的。换言之，这种力量就是神。

关于宇宙的精神方面是怎样的呢？如果物理宇宙中没有意识存在，也就是说没有人的存在，那么宇宙的存在本身，也不会被觉察，不会有关于宇宙的思索。人这个意识的存在，就是精神和肉体相互关联的有机生命体。如果我们只注意宇宙的物理方面，而不注意它的精神方面，我们的宇宙观就是不完全和不正确的。什么有限呀、无限呀，这些概念在“存在”的精神领域，果真还有什么意义吗？

如果做个结论，可以说，虽然我们比前人增加了一些关于宇宙的知识，可是对宇宙的理解却一点没有加深。

池田：关于宇宙的本质问题，归根结底是要靠哲学和宗教加以解决的。现代人的知识的确增加了，但对宇宙的理解，跟古人并没有什么两样。

汤因比：由于全能而不灭，所以就有某种超人类的存在。犹太系宗教信徒一直相信这样全能的创世神的存在。19 世纪以来，近代西欧社会离开了创世神的概念，产生了无神论的进化论。这些理论不是无神论的词语对有神论进行了翻版，就是和有神论一样，缺乏理论性的说服力。总之，人大概无法回避用拟人的词语去思考问题。但是，即或如此，在宇宙的里边、后边、远处的“终极的存在”，对于人来说，凭我们的实际感觉是难以想象的。

【评述】

关于宇宙问题是可以认知的，比如大道哲学的宇宙“生论”，是认知的纲领。《道德经》第一章和第四十二章确立了认知宇宙的基本概念和思维总体路线。“量子诠释”是以人类前沿智慧成果建立起来的对圣哲经典的表述形式，体现了“科学是哲学的展开形式，哲学是科学的纲领”。人类的思考，加深和扩展了对宇宙的体量和理解，自信地迈入“玄之又玄，众妙之门”。两位学者对认知宇宙的原本之力是丧失信任的，遮掩了心中本来具有的宇宙光芒。

追问宇宙的关键问题是，宇宙是如何发生的和宇宙为什么发生。其中有神论与无神论争论的要点，是关于“无中生有”的观念能否确立。

首先确立一个信念，那就是“哲学在宗教之上”。老子有言，道“似万物之宗”“道者，万物之奥”“万物莫不尊道而贵德”“象帝之先”。因此，圣哲的宇宙论是人类认知路线的纲领。不可思议的相对论和量子论就是秉承着哲学纲领的展开形式，这是自然的信奉，是原本的自觉，是宇宙观上的“知行合一”。

“无中生有”“有无相生”是东方哲学宇宙观的核心观念。以此观照现象与本质，观照内在世界与外在世界，方可“道法自然”“往而不害，安平太”。

人们对有神论的疑虑是，人格化的神前面是什么？神学无法回答，科学也不能证明。人们对无神论的疑虑里（包括大爆炸论和上帝粒子质量的无中生有），社会人生的意识与精神无法寄托与寻求。所以说，首先必须解决对原本概念“无”的理解与注释，“名可名，非常名”。

理解“无”必须和“有”一起考虑，因为二者是道的同一性的两个方面。“无”是宇宙的端始，是“无状之状，无物之象”的“致虚极”的非物质状态，是“不可致诘”的无限与永恒，是蕴含宇宙一切的原本。“有”是与“无”同一的道的存在，“有生于无”“有生发万物”，是宇宙生命的本体，是“万物之母”。道是“无”与“有”的同一，是无限永恒的生命统一体系。“道生一，一生二，二生三，三生万物。”是宇宙运行的主导过程，也是人类最亲和、最值得信奉的宇宙观，它涵盖了人类有史以来所有的宇宙观念，并引申至“道法自然”。

关于宇宙精神，量子二象性是宇宙的基本规律，其中的波性包含着精神意识范畴。中国哲学所确立的“形而上”与“形而下”概念，包含着意识与物质的存在。老子《道德经》中把宇宙精神称为“德”。“德”不同于物质存在，但又与物质具有同一性，“玄德深矣远矣，与物反矣”。

什么是宇宙精神？圣哲确定为“玄德”：“生而不有，为而不恃，长而不宰。”“一曰慈，二曰俭，三曰不敢为天下先。”可以做如下阐释：生发万物而不占有，惠及万物而不自恃，助长万物而不主宰；慈悲情怀，珍爱万物，不把自身利益放在天下之先。宇宙具有大爱无疆的母系情怀，人类秉持着宗祖“万物之母”的伟大情怀，方能体现“道大，天大，地大，人亦大”的人类生命的整体本质。所以说，如果人类不存有宇宙精神，不存有玄德，也就不会成其为与“大道”、大宇宙同等之“大”的生命存在。同时，科学越发展，越能深入地感知到宇宙二象性的存在，比如量子的二象互补原理以及量子纠缠都在表述着生命意识的玄妙。物理学家玻尔说：“我们在现代原子理论中遇到的局势，是在物理科学的历史上没有先例的……要找关于这一可见的有限适用性的原子理论教益的一种平行情况，我们事实上必须转向例如心理学之类的相当不同的科学分支，甚至转向一类认识论问题——当试图把我们在存在的大戏剧中作为观众的地位和作为演员的地位调和起来时，释迦牟尼和老子那样的思想家就已经遇到过那一类认识问题。”由此可见，哲学引领科学。

4. 物质的终极是什么

池田：迄今为止，科学探索的最小粒子，已经达到素粒子的阶段，是否还有更小的东西，科学家在继续摸索。一切物质都存在物质波，物质周围有一定范围的场，所以只用具有一定大小和质量的粒子这一基本概念，已经不能说明物质的终极了。过去一提自然科学的方法论，就是分析方法；我认为除此之外，综合的思考方法已越来越被重视，更根本的是需要演绎方法。

汤因比：我认为今后演绎的方法是很重要的。科学家们对于宇宙本质的说明，也就是可以证实、可以验证的说明，已经达到了限度。科学能力的局限性，说明人的能力本身是有限的。人类是有意识的身心相互关联的生物。虽然肉体方面比较弱，但具有强有力的并且起作用的精神活动。人类消灭了所有其他的类人动物，不管是生物还是非生物，在接近地球表面的地方，几乎全部统治了自身以外的自然界。尽管如此，大宇宙对我们仍然是神秘的，我们在这种神秘面前，仍然无能为力。

池田：我感到越来越需要有一种哲学来做科学以及人类正确运用其能力的基础。我想其前提是解决物质观问题。认为物质是唯一的现实世界，是有局限性的。物质存在只是一个侧面，而绝不是世界的全体。

认识真正的物质终极，大概是超越了人的知觉能力。所谓物质终极的单位，已变为用物质或单位说明不了的存在。

在现代物理学中，不存在任何物体的空间，却存在着远离的不同物体的相互吸引，传播电磁场，产生新物质的作用和性质。我认为物理学对空间的这种看法，跟佛教中“空”的概念有很深的共性。对时空的认知也就是在逐步接近理解终极。

汤因比：我对现代物理学了解得很粗浅。物理学关于存在的非物质方面，即精神的侧面，将要逐渐不能给我们以任何启示了。存在既有物理的一面，也有精神的一面，而且精神方面跟物理方面一样，是具有实在性的东西，佛教中“空”的概念暗示着存在的精神这个侧面。对精神存在的本质，却用反映物理的观点去思考，结果南辕北辙，为其所误。

【评述】

两位学者都认为，人类对认知终极是无能为力的，对人生的前途缺乏自信。中华圣哲告诉我们，宇宙是一个无限伟大的生命体系，人生与宇宙的终极具有同一性。人类的认知能力是“至柔”，是观无之妙，观有之徼，观玄之又玄，“驰骋天下之至坚”“不窥牖，见天道。不出户，知天下”。这是天人合一的思维路线。佛家对“空”的认知，都应是大道哲学的范畴，并且应该是将“空”与“色”统一起来看待。总之，人类生存的两个世界与宇宙的二象性存在，具有生命终极目的同一性，“道大，人亦大”。

不要把人类认知宇宙与科学前沿认知成果分离开来。进入量子时代，科学对宇宙终极的探索已经进入大道哲学的思维路线。我们反复强调，量子论和相对论是哲学前沿性的展开形式，科学家也是哲学家，都在遵循“人法地，地法天，天法道，道法自然”的原本宗法。哲学永远是纲领性的。如果从事哲学的学者对前沿科学没有深入认识，那么就难以回答当今的“天问”。

当追问物质的终极状态时，也是在追问物质相对应的一面——精神或能量。二者必须做同一性考虑。圣哲认为，物质世界的端始是“无”，是非物质态，是刹那间（速度无限）变化多端的“惚恍”状态，惚兮恍兮生发了形象，恍兮惚兮生发了物质，这就是“有生于无”的概括说明。此后就进入了“有无相生”阶段，循环往复，生生不息。

圣哲为什么要人类认识“无”呢？是引导人类理解容易淡漠的内在世界，那里涉及生命的终极目的。平常生活的外在世界是以可见的物质态为主。物质在内在世界是“致虚极”的过程，也就是“常无”，“常无”没有边界，是无限。“常无”不是宇宙的一切，但包容宇宙的一切，是宇宙一切的原本，蕴藏着无限的“可能”，时时刻刻都在运行着伟大的生发过程——“道生一，一生二，二生三，三生万物”，转化为宇宙的一切可能。所以说，如果没有“无”与“有”，就没有宇宙的一切，没有生命。

天体物理学发展为如此不可思议的论说，做出了可以遵照的比喻：仰望无边无际的星空，那里进行着有如大海一样的能量交换，虚粒子与实粒子不知从何处而来，无中生有的闪现与碰撞，产生巨大能量又不知去向。如霍金那样的科学家，都论断性地认为，宇宙是从无中生发出来，应该是“人法地，地法天，天法道，道法自然”的演绎法。

5．时间与空间

池田：时间与空间是认识一切事物的尺度，是最基本的概念。物理学中所说的客观时间和空间，有时跟人们主观意识的时间和空间不同。古典物理学把时间和空间各自都看成是绝对的存在。就是说，从过去向未来一直以一定速度流动的固定的绝对时间和把宇宙空间各点规定为间隔相等的坐标的绝对空间。以这种时空概念作为说明一切自然现象的基准。然而，爱因斯坦发现相对论以后，明确了时间和空间也是相对的，是相互影响的。

汤因比：我首先想肯定康德的理论，他认为不以时间和空间为基准，我们就不能思考任何事情，因此，我们无法确定时间和空间这个概念本身，对“存在即其本身”是否是本质的东西。我们也无法确定假说中的客观的存在是否既不是时间，也不是空间，因而，也不能确定在我们意识中反映的现象是否是错误的。爱因斯坦的相对论，空间只有以时间为基准才能考察和测定；相反，时间只有以空间为基准才能考察和确定，二者是不可分割的统一体。

池田：在哲学的领域中也是一样。怎样把笛卡尔的空间论跟伯格森的时间论统一起来，成为现代的一个重大课题了。

伯格森把时间看成单纯的持续的“流动的时间”。的确，流动的时间已经空间化了，现在持续着的时间是我们内心感觉到的东西，它在意识中流动着。物理学上说的时间和空间全部都是空间，而所谓时间，它的本质存在于可称之为对生命内在发动的强烈的感觉上。这样说来，时间就成为主观的东西，而空间是广袤。这样，时间就成为不能延长的东西，相反，空间则成为能够延长的东西了。

汤因比：所谓空间和时间，都是意识中的既知事项。具有意识的身心相互关联的生物，在体验它时，要伴随着精神上和肉体上的变化。它在表面上也有大小长短变化。在这个意义上，它是主观的既知事项。

池田：看来客观上的同一个空间的广度、高度，在主观上是会有很大变化的。空间的大小、宽窄，由于当时生命状况的不同，会有种种变化。的确，年龄不同，也有变化。烦恼痛苦时，目的地就会感到很远；充满希望、意气风发时，目的地就会感到近在眼前。

汤因比：对，时间长短在主观上也有变化。我感觉，随着年龄的增长，时间的移动速度似乎也在增加。

池田：如您所说，生命的充实感不同，对时间的长短的感觉也有很大的不同。人生感到充实，处于能动状态时，同是一小时的物理时间，相对地感到短些；相反，生命的活动处于缓慢、被动的状态时，恐怕就会感到长一些。生活充实的时间会感到长些，空虚的时间往往就接近于零。

汤因比：我们知道，我们对时间流动速度变化的意识是主观的东西，我们对空间距离和高度变化的意识也是主观的东西。因为我们之所以能够测定时空，靠的是在时间范畴内我们的意识能够把握的指标。一个人不可能意识到自己同时在两个地方。移动的距离可以通过从一点到另一点的连续感觉，用时间的标准去测定。这种连续感觉随着年龄的变化而变化。成人感到时间很短的旅行，孩子会感到时间很长。然而不管年龄相差多少，这种连续感觉是我们唯一测定空间的非空间的尺度。

池田：的确，我们是在物理的时间和空间之中生活着的。意识中的时间和空间，根据生命所具有的能量的强弱，即或是同一物理时间、同一物理空间，也会感到不同。总之，所谓时间、空间，就是生命、意识对外界认识的基准。时间和空间可以在我们的生命、意识中融合在一起。

汤因比：在这里，我还想重复一下您开头谈的康德的命题。就是说，空间和时间对人的思想来说，是无法避免的范畴。人只有以时间和空间为基准才能感知的现象，对“存在即其自身”来说，即或我们感知的现象和它有某种联系，我们也是既不知它是什么，也不可能知道它是什么。

【评述】

人类为什么要确认时间与空间？因为它就是生命的自身，时空即是宇宙。时间与空间是宇宙的二象性，玄之又玄。两位学者把时间空间与主客观联系在一起，又谈到康德的时空观，依然没有给出一个清楚的表述。我们认为，现阶段人类树立的时空观，应该以东方哲学的宇宙观为主导，以量子力学、相对论、天体物理学的前沿发现为哲学的诠释和展开形式，如此才能观察到“万物负阴而抱阳，冲气以为和”。

宇宙二象，生命二象，时间与空间是道的运行展开形式。人类的生命之道运行在外在世界与内在世界，时空是两个时空，“同出而异名，同谓之玄”。外在世界的时空是可见、可闻、可触及、可测度的实在，可以用长宽高、秒分小时等测定和表述。内在世界的时空，是“视而不见，听而不闻，触而不得”的“夷、希、微”存在，是“致虚极，守静笃”，是“天下之至柔，驰骋天下之至坚，无有入无间”的惚恍状态，趋于无限与永恒，也就是圣哲所说的“道大，天大，地大，人亦大”的时空。前沿物理学用暗宇宙、暗能量、虚时间、时空网络和弦时空来比喻。

认识时空二象，一定要看重“粒子二象性”的比喻意义，它会更大地启动关于“两个世界”的认知关注，因为我们对内在世界淡漠已久。量子时代必然要树起内在世界的生存理念，因为人类对外在世界的时空看重得有些过分，应该“损之又损”。“天之道，损有余而补不足”，时空亦是如此。

什么决定时间与空间？西方一些哲学家认为时间是决定性的，或者是绝对存在。两位学者把人的主观意识摆在了影响时间和空间快慢大小的地位。相对论认为速度决定着时间的快慢和事物的大小与长短；人类存在的宇宙，光速是绝对的，主要涉及外在世界的范畴。认识时空的二象性和同一性，也是人类大转型时期至关重要的生存理念。波粒二象有特殊的差异，同时又是互补同一；内在世界的时空与外在世界的时空有特殊的差异，同时又互补同一。差异在于“逝、远、反”的速度。生命的内在世界是“致虚极”的惚恍状态，是“天下之至柔，驰骋天下之至坚”的运行速度，超越光速并趋向于“无极”。可以用“量子纠缠”比喻理解，生命的核心存在“精”与“信”，包含着平常所说的“精神”“意识”的概念，所产生的“信使粒子”刹那间同宇宙相纠缠，同宇宙万物相纠缠，完成“道大，人亦大”的天人合一使命，“以通神明之德，以类万物之情”。所以说，人类存在的内在时空与宇宙潜隐的内在时空是同一的，是与宇宙同等之“大”的无限与永恒，“自古及今，其名不去”。

时空观对社会人生有什么意义呢？圣哲二象同一的时空观，也就是“天人合一”的宗旨所在。提醒人们，生命活动的范畴和目的不只是外在时空，还有内在时空，是“深矣远矣，与物反矣”玄德的存在状态，是与道同等之大的“无极”，是大爱无疆的宇宙情怀。人类的进化和进步，不只是外在时空寻求根由，更深层次的要从内在世界寻求。

十、宗教的作用

1. 文明生机的根源

池田：考察一下世界历史，就会发现文明正如生命体一样，按发生—发展—衰亡的过程，在反复流转着。以埃及的历史为例，从古至今就有多种文明、文化在发生、发展和衰亡着。因此，就文明的发生、发展和衰亡的趋势，我提出两个问题：一个是给这文明以生机的是什么？另一个是使这种文明产生并赋予生机的根源是什么？

关于第一个问题，为使文明发生和发展，不但需要有社会、群体生活，还要有剩余时间。这三者是跟提高生产力紧密相连的。

汤因比：自古以来，建设文明的条件就是生产剩余。由此，才能进行战争，才能关注少数人举行宗教活动，研究教义、施政、建筑、美术、文学、哲学、科学等方面。这一部分人的创造性工作，对文明的发生、发展做出了很大贡献。然而，没有群众的协作，也是不会完成的。

池田：生产力的剩余、社会组织、人的愿望，都是建设文明的素材，但它还不是文明应当具备的灵魂。掌握文明方向的灵魂，是宗教，是哲学。埃及金字塔之所以建成，不仅有赖于物质上的和组织上的，以及建筑技术，很重要的是宗教设想和宗教热情，也就是人们的生死观。玛雅人、阿兹台克人、印加人的神殿和祭坛，都是人们固有的宗教设想和宗教热情的产物。

汤因比：我也认为各种文明形态就是此种文明所固有的宗教的反映。使各种文明产生，使其延续下来的生机源泉，也在宗教。有三千年历史的法老时代的埃及也好，从殷兴起到 1912 年清朝灭亡，超过三千年历史的中国也好，这一点都是说得通的。

世界最古老的两种文明，是在埃及和伊拉克原来土地肥沃的地方出现的。这些土地改革和建设需要组织为此宏伟目标而工作的劳动民众的力量，这就产生了领导与被领导的形式，这需要双方共有的宗教信仰的协调与凝聚力。

每当一个民族对自己的宗教失去信仰时，他们的文明就会屈服于来自内部的社会崩溃和来自外部的军事进攻，并将为新的文明所代替，也就是为从别的宗教中获得生机的文明所代替。例如，长期受儒教统治的中国文明，在鸦片战争以后开始崩溃，取而代之的共产主义的新中国文明兴起了。埃及王朝的文明、希腊和罗马的文明崩溃了，取而代之的是带来生机的基督教和伊斯兰教新文明。

池田：我感到费解的是，有的民族建立起一种文明后，随着文明的衰落，这个民族也彻底走向衰亡；而有的民族则顺应时代的发展，吸取了另外的文明，每次都建立起具有新特点的文明。欧洲各民族过去似乎没有经历过这样的考验，我感到现在倒是可以称之为考验的时期了。

汤因比：的确如您所说，吸取其他文明，成功地加以同化，这有很高的价值和效用。

池田：被殖民者征服的民族开始恢复古来的传统，已经是 20 世纪后半叶的事，殖民主义已经走投无路。一旦其文明真正从民族本身涌现出来，创造性兴起时，它就会摆脱来自外部的压力和困境，成为火山爆发一样强有力的形式。

汤因比：西欧各民族在过去五百年间，对其他民族采取了进攻的立场，但现已不得不逐渐退居守势，不得不接受像日本过去曾两次接受过的那种挑战。希腊和罗马人也有过同样的体验。征服现在苏联领域的中亚、西亚和西巴基斯坦一带的希腊人，转向了佛教。这似乎暗示着这种命运正要降临在现代西欧人的头上。

池田：也许西欧文明正面临着这样衰退的局面。现在，我们在宗教方面给民族灌输生机，使新的文化得以产生这一点上，取得了一致的意见。

汤因比：前面已经谈过，文明的消长跟民族所有的宗教有着深刻关系。就是说，文明取决于构成其基础的宗教素质。

池田：我也认为是这样的。然而有的学者也有把气候、风土作为决定民族强弱的因素。如果说风土跟民族性格之间有什么关系的话，可把它称为中间因素，起着连接双方的作用。这就需要把生产活动和生活习惯结合起来加以考虑。

汤因比：我认为借口气候、风土的不同去说明民族命运的多样性是不符合事实的。

池田：我想今天人为的环境、人们活动的条件对西欧文明带来很坏的影响。依靠科学技术发展起来的文明，其结果使独占巨大财力的少数人、智能优秀的人，跟被他们统治的群众间的隔阂越来越深。可以设想这种状况在人类社会中会招致人性的脆弱化。至少，人们如果想依靠科学技术的发达而产生现代文明，沿这条路走下去的话，就使人不能不预感到将出现可怕的社会分裂。

汤因比：现代科学文明急速地在全世界发展着。其前景的确像您指出的那样，令人感到恐惧。在自动化的时代，群众不再从事重体力劳动，将会被迫失业，确实堪忧。

【评述】

判断民族和国家的文明兴衰，不在于宗教，而是先哲的思想体系，占主导性的是先哲设立的宇宙观，也就是“天之道”，以及“天人合一”的实行路线，这就是老子讲的“道者，万物之奥”“深根固柢，长生久视之道”。深植于宇宙原本旨义的文明，一定会天长地久。具有包容利他、大爱无疆的文明，是长存久视之道，“谷神不死”。

两位学者对中华民族文明盛衰的看法是一叶障目，离开了根本性。两位学者为了强调宗教的概念，把儒家思想称作“儒教”，这是生搬硬套。儒家思想没有形成宗教，其关于“道德”的思想是大道哲学的组成部分，是“圣人之道”的传承体系。道教，是中华民族产生的宗教，是奉老子为宗祖，秉持《道德经》为经典的宗教形式，哲学是宗教的先生。道教的理论和行为方式是对大道哲学的传承与践行，不是自创一派的宗教。所以说中华文明不取决于“构成其基础的宗教的素质”。因此，我们反复强调，天人合一的哲学引领世界。

两位学者认为：“各种文明形态，就是此种文明所固有的宗教的反映。”这个论断过于武断，起码不带有普遍性。他们说“长期受儒教统治的中国文明，在鸦片战争以后开始崩溃，取而代之的共产主义的新中国文明兴起”，这些概念性的话语是不准确的。什么“儒教统治”“崩溃”“取而代之”等等，是概念的失误。中华文明的主流文化是圣贤文化，其主导文化是圣哲思想体系，是“大道哲学”，也就是佛、道、儒哲学的同一性，大道无二，一直延续至今，从未中断。大道哲学是关于天道与人道的学问，是一切学问的纲领，是文明的引领者。

关于为什么有的文明消亡，有的文明兴起的问题，两位学者也归结到“宗教的生机”上。这种论点也不是主导性的。比如说中国文明，鸦片战争以后也没有崩溃，依然是“曲则全”地存在着，那是“道隐无名”的存在方式。也不能说“取而代之的共产主义新中国文明兴起”，“共产主义”是来源于马克思主义的概念，新中国文明是马克思主义中国化的文明；中国文明的包容性就在于吸取外来文明的合理内核，丰富自身的道德，其主干依然是圣哲之思。

中华民族五千年的文明为什么经久不衰？圣哲有言：“天乃道，道乃久。”“执大象，天下往；往而不害，安平太。”中华文明执行的是宇宙原本或者说终极原则规范，即“天之道”“圣人之道”；是“道大，天大，地大，人亦大”的天人合一路线，秉持着包容、大公、利他的宇宙情怀，“不自生，故能长生”。

观察人类文明历史，不只是看外在世界的有形建筑，如金字塔、祭坛、神庙等等，更重要的是观照人类文明的内在世界，这就是国风、家风、民风，统称为文明精神。对中华民族而言，这是世代遗传的，是生命的核心存在。中华文化是“读圣贤书”的文化修养，不忘本来，与圣哲同在。

两位学者认为科学的发展给文明带来破坏性的影响，对此产生恐惧。这些看法有些偏执，过分地看重科学技术的负面影响，也就是否定自己。进入量子时代，看待科学要有个基本准则，要有新的量度，适应大转折形势的判断，那就是：科学是哲学的展开形式，哲学是科学的纲领，哲学引领科学。比如量子的二象互补定理和速度决定时空的相对论，给哲学一个新的诠释，同时也反映了内在文明世界的发展与进化。人类生命运动的提速，增强了人与人之间的互补性关联，也增强了与宇宙的深远联系，“天网恢恢，疏而不失”。量子纠缠的发现，大大增强了“人亦大”的自信；生命的核心存在完全有能力促使“小我”转化为“大我”，刹那间与天地精神独往来，交流纠缠，利而不害，完成使命。“天人合一”“命运共同”是新时代的哲学主题，也是由科学前沿成果的展开形式来表述，归结于创新的光明场景。当下人类一定要确立一个清醒的认识：科学的伟大发现与进步都是人类自身核心存在的展开形式，是自觉的“道法自然”。也可以说，量子力学、相对论是自身自在的学问，是“复归于无极”的玄德形式。

2. 近代西欧的三种宗教

池田：宗教常常是文明的源泉、创造性的原动力。近代以来，可以认为，近代科学技术文明也有它自己的“宗教”。

汤因比：宗教和哲学这两个观念形态，它们之间并没有明确的区别。

池田：现代人对物质财富的憧憬和对科学进步的信念，在现代文明中所起的作用，几乎跟宗教没什么两样。

汤因比：一旦失去了对宗教的信仰，就会带来文明的崩溃和更替。17世纪由于基督教的衰退而出现的空白，是由另外三个宗教的兴起来填补的。其一是对因科学技术的有组织的应用必然带来社会进步的信仰，其次是国家主义，再次是共产主义。

西欧有意识地树立起对科学进步的信仰，是从1661年英国设立研究院开始的。而在1945年遭到致命的打击——两颗原子弹投到了广岛和长崎。

共产主义有改变全人类宗教信仰的使命。

池田：旧宗教都是把控制人的欲望、限制自我作为基调。相反，新宗教（科学进步信仰、国家主义、共产主义）的性质是解放欲望，作为满足欲望的手段而产生或利用的。

汤因比：人类未来的宗教究竟是怎样的宗教？

池田：产生和支持新文明的宗教必须跟各种罪恶做斗争。每个人都要进行自己生命内部的变革。一种宗教能做到这一点，才有希望成为未来真正的宗教。

【评述】

两位学者为了维护“宗教是文明的源泉”的观点，而混淆宗教与哲学的界限，这是很不应该的。哲学在宗教之上，宗教奉哲学为纲领，宗教可以消失，而哲学永远引领世界。

不要把科学和共产主义说成是新宗教。科学是哲学的展开形式，共产主义是哲学概念。在人类文明的总体范畴中，宗教不在统领性位置。中国的大学问家张载讲的办学宗旨是对文明内涵的明示：为天地立心，为生民立命，为往圣继绝学，为万世开太平。

3. 向多神教的回归

池田：西方是一神教，东方是多神教，这个区别很大。一神教有非常强的意志要把一切都归结于一个绝对的神。在多神教的社会里，由于承认多种价值的存在，所以对外来文化和思想具有宽容性。

汤因比：犹太系宗教把宇宙内部存在的神性因素都归结到超宇宙的独一无二的全能创世神。而东方认为整个宇宙包括其中的一切，都具有神性，因而人也是神圣的并且是有尊严的。

但是，犹太文化的前期，当时的宗教都是多神教，而不是一神教。因此，一神教还是有希望重新回到以前信奉过的多神教的。

池田：为了科学技术领域的进步，西方的一神教是有利的。然而，为保持各民族的独立自主，对自然来讲，为制止环境的破坏和污染，东方的多神教是更重要的。今后，这两方面不是相互对立，而是相互补充。

无论从科学上看，或者从哲学上看，领导文明的大概就是这种新的为人们所希望的宗教。换句话说，这种宗教既要挽救西方的危机，又要拯救东方的苦境。

汤因比：产业革命促进了多神教改换成一神教。我相信人类现在还需要回到多神教。对人以外的自然，有必要再恢复以前对它们所怀有的崇敬和体贴。

池田：多神教也有局限性，比如神道。佛教克服了地区性多神教的局限性。佛教的第一宗旨是要做到跟宇宙和生命中存在的“法”相一致，并从中指出人和自然走向融合、协调的道路。并且佛教所说的生命，是一切和一切生物共同普遍具有的。

汤因比：我所说的高级宗教，它的意思就是使每个人自己直接地接触到“终极的精神之存在”。也就是说，不是通过人以外的自然力量，也不是通过人的集体力量所具体化的制度等媒介间接地去接触。

池田：高级宗教是以“神”作为根本，还是以“法”的体系作为根本？我看，现代宗教要以“法”作为自己的根本。

汤因比：把“终极的精神之存在”描绘成神人同形借以满足愿望，仍然是不合理的。说“终极的存在”是人，这是完全没有根据的。还是佛教主张的普遍的生命之法的体系，似乎更能正确地表示出“终极的精神之存在”。

【评述】

人类先哲树立起来的经典，其中关于宇宙和生命的基本原则，也就是两位学者所说的“终极的精神之存在”。“道”涵盖着“终极的精神之存在”，当然也包括宗教，也可说哲学产生了宗教。“人法地，地法天，天法道，道法自然”是一切宗教之“法”的依据，也是东西方哲学的根系所在。两位所说的“佛法”，其实是大道哲学的展开，是“人法地，地法天，天法道，道法自然”之“法”。

汤因比先生说，高级宗教是使每个人自己直接地触到“终极的精神之存在”，而不是通过其他，这一点是宗教达不到的，而是哲学的使命。人类的先哲早已确立了“人亦大”的生命自信，“终极的精神之存在”也就是“生命核心”存在于生命的窈冥之内，和宇宙同在。“窈兮冥兮，其中有精；其精甚真，其中有信。自古及今，其名不去。”这就是东方的道德哲学，一切“终极存在”都在“道法自然”的范畴之内，宗教是对“自然”的诠释。

如何认识科学？进入 21 世纪，科学是哲学的展开形式。人类前沿智慧成果可以称为科学哲学，不是像两位学者所说的会对人类文明起负向作用。以哲学之法为原本的科学，是“道法自然”的先行者，是文明进步的体现，超越了宗教。“量子诠释”是科学转化哲学的现象。

十一、善恶与伦理实践

1. 性善说与性恶说

池田：我想谈一下人的本性是善还是恶这个问题。自古以来，就有很多人对这个问题进行过各种形式的争论。基督教主张“原罪说”，很接近性恶说。而卢梭的思想接近性善说。我认为人性既非善，也非恶，而是两者兼而有之。

汤因比：我一直认为，人性不能从本质上简单分为善与恶。随便找一个人，他的本性中都混杂着善与恶。

池田：既然善恶并存，那么就应重视使人性中善的方面得以自由发展，而对恶的方面加以抑制。

汤因比：人是可以支配和利用宇宙万物的。只要放纵这种欲望，人的行为就会变成恶的。反过来，人也可以为宇宙万物献身，为万物服务。只要顺应这种愿望，人的行为就会变成善的。

池田：能使人做到博士所说的“爱的欲望”战胜“贪欲”的，只有道德和伦理，而更根本的是宗教。

汤因比：每个活着的人，他内心的能源也是更高级的精神能源，按我的信念来说，就是“终极的精神之存在”。但是，从这个能源发出的能量，通过每个人的自我这一从宇宙分离出来的生命，被赋予了方向性，这种能量通过这样的自我，可以用于善的目的，也可以用于恶的目的。这样，所谓的善恶就成了以人的同胞、人以外的生物，以及宇宙全体为对象的善恶了。自我的本性就是要统治和利用自己以外的宇宙。

池田：自觉驾驭自我为前提。

汤因比：利他主义是通过自我修养、自我克制、自我否定，甚至自我牺牲来实现的。人类道德行为的平均水平至今仍没提高，所以，在道德上说文明社会比原始社会高出一头是完全没有根据的。

池田：人的道德水平，随着技术的进步反而有所降低，这是由于人的愚蠢造成的。

汤因比：科技进步的力量跟伦理行为水平之间的鸿沟越来越宽。原子能进一步加深了这种鸿沟。

池田：完全克制自己是极为困难的。我相信所有的人都存在着完成这项艰难工作的潜力，关键是如何引导出来。

汤因比：一般可以认为，谁都具有成为圣人的能力。作为结论，可以这样说，自从人类在大自然中的地位处于优势以来，人类的生存没有比今天再危险的时代了。这种危险是人类自己招致的。

池田：因此，解决危机的钥匙也掌握在人类自己手中。我所说的人的革命，就是这种对人的全面彻底的改造。

【评述】

汤因比先生感悟到了人类生命的源头，他指的是“终极的精神之存在”，是“人类的内心能源”，是“更高级的精神能源”。中国哲学是宇宙“生论”，“道”是“万物之母”，道生发了人类并赋予了道的本性，潜隐在生命的核心存在——“精”与“信”中，在外在世界表现为本性与个性。二象性既有差异，又是互补同一，如此人生社会才多姿多彩并“冲气以为和”。人性由“天道”和“人道”二象同一而成。“天道”永远是善，“人道”在外在世界的行为则有不善，这就是《道德经》第二章所言：“善之为善，斯不善矣。”人生内在世界具备着由不善至善的基本方向，自觉地减损过分有为。自然无为，这是生命的自觉过程，不在于“新宗教”。“损之又损，以至于无为，无为而无不为。”“道常无为，而无不为。”人生之善永远主导着文明的方向，尤其是当今世界更是如此，大道行天下。

两位学者看到的是外在世界的一些表面现象，是人类过分有为造成的“不善”，比如科学技术的负作用。但是，正是量子力学、相对论的出现为人类之“善”展开了一个新的形式，减损“小我”之不善，向“大我”转化。我们必须坚信，人类文明的前行也是由不善向善转化的过程，这就是“天之道，利而不害”“圣人之道，为而不争”，大道引领世界。

关于善与恶，王阳明的“四句教”应该是对圣哲经典最明白的诠释：

无善无恶心之体，有善有恶意之动。
知善知恶是良知，为善去恶是格物。

对于涉及宇宙原本的问题，有一个大体的原则认知即可，因为“个个心中有仲尼”“人人自有定盘针”，无须争论“原本善”和“原本恶”。老子讲“善”的另一面是“不善”，而“恶”是“美”的另一面：“天下皆知美之为美，斯恶已；善之为善，斯不善已。”宇宙和人类的原本存在是善与美，在外在世界的过分有为，即“善之为善”就出现了不善的现象，对此“宇宙人生”是自知的——“知善知恶是良知”；接下来是“自然无为”的损补格物，对过分有为的不善则“损之又损，以至无为”“为善去恶”贯穿着人类文明活动的始终。

2. 关于人的命运

池田：人生来就有贫富之差、贤愚之别、才能的有无等这些境遇和能力上的个人差别。当然，能力也有后天培养的一面。然而对后天培养有很大影响的环境条件也因人而异，并且这些外在条件没有个人选择的余地。这样的外在条件，从超越人的意志这一点说，也可称之为命运。并且每个人一生的遭遇和所经历的人生道路是不同的，这就不得不承认命运。

佛教主张生命是从过去，经现在，到未来，不停地流转，在这连续流转的过程中，过去的行为就形成现在的命运。相反，基督教则认为命运是全知全能神的意志表现。

汤因比：在说明人的命运时，必须突破人生只有一次的局限性，而要再往前考虑。这一点佛教和基督教都是一致的。

佛教认为个人的命运取决于本人的行为，也就是前世因果报应。这种因果报应的账目表，死后也仍然有效。人就是带着这个存折重新出生的。死和再生就是这样无限地反复着。

基督教的信仰，神给人以人格，决定人的出生时间和场所，进而决定其社会地位。基督教认为人在这个世上只生一次，不是去天堂，就是去地狱。

近来，西方越来越多的人不再相信基督教的教义了，不再相信全能的神的存在，也不再相信人死后还会继续存在的说法。他们相信“遗传因子”的说法，认为因果报应对人死后的命运没有什么影响。

池田：对死后的不同看法，对今世人的生存方式有很大影响。为什么有不同的命运？

汤因比：遗传和环境不同能说明一部分问题，我更重视因果报应的作用。

池田：社会、制度、国家和生命体一样，在自己内部形成因果报应并受其影响，进而又形成新的因果报应。

汤因比：我不相信独一无二的、全能的男性神的存在。我也不相信印度教、基督教以前的希腊和斯堪的纳维亚等的具有人体形态的男女神仙。

人是能区别善恶的存在，并且人常常是由良心发出行善命令的。但是现实中的人，也是时常做坏事的。

池田：人对超越自己智慧的存在持谦虚态度，对终极的存在的敬畏之心就是宗教。

汤因比：《圣经》中的一节写“神就是爱”。但是我不相信具有人格的神。因为这样的神既能做善事，也能做恶事。因此，我只相信爱是“终极的精神之存在”这个说法。

池田：如果“终极的精神之存在”是“爱”的话，那么既存在于宇宙，同时也存在于人体内部。

汤因比：用非人格的语言表达因果报应是佛教在智慧上和道德上的伟大功绩之一。粗俗的宗教总是把同一个真理用具有人格的表现形式来表述，误传了本质。

【评述】

两位学者对“命运”的看法只关注在“外在世界”，偏离了宇宙二象同一的纲领性原则。同时，对“命运”概念的理解也是杂乱的，扭曲了生命的主体路线。中国哲学也是生命哲学，“生命就是使命，命运共同”，这是对“命运”概念的基本表述。宇宙是一个包容宇宙万类共同命运的无限伟大的生命体系。它生发了人类，并赋予了各自的使命，天人合一的过程就是完成使命的过程。“道大，天大，地大，人亦大”是人类的共同使命，也可以说是“终极的精神之存在”的使命。

首先要思考宇宙的整体命运，也就是宇宙的运行状态和过程是由一个个生命个体来完成的。这就是各有使命，各有其道。使命有特殊性也有同一性，终极是命运共同。贫也好富也好，贤也好愚也好，才能高也好低也好，命运在外在世界有差别性，而在内在世界是“同出而异名”，无差别性，使命是神圣的。

两位学者强调“因果报应”，这不是宇宙生命的主导规律。民间有这种体验，也只是外在世界的一个现象，不代表宇宙命运的总体。“自然无为”是调解善与不善的纲领性原则，是宇宙间自觉自控的体系，不需要一个有奖惩机制的“因果报应”存在。生命是“尊道贵德”循环往复的存在，有如量子状态那样，刹那间有多个历史，刹那间可以复归无极而新生，量子不死。

如此思考需要进入“惚恍”“窈冥”的内在世界，与暗宇宙相通达，“复命曰常”“夫莫之命而常自然”。

宇宙的原本是“道德存在”，这超越了“终极的精神之存在”。生命过程是“无”与“有”同一和展开的过程，是“法道”“法自然”的践行，是宇宙生命的自足体系，是“无”为。有账本记录的报应不是道法自然。

3. 什么是进步

池田：我想谈谈乌托邦理论和科学“进步”这一概念。

汤因比：在希腊历史上，乌托邦一次也没实现过。从长远看，柏拉图和亚里士多德的乌托邦理论，都是不现实的。

池田：现代还有“计算机乌托邦”。科学上的“进步”是否真和人的文化进步有直接关系，这是另一回事。总不能说原子能在广岛和长崎的爆炸是“进步”吧！

汤因比：他们错误地认为累积科学和技术上的进步，会自然地累积精神上的进步。

池田：我也认为必须明确物质上的进步和精神上的进步之间的区别。

汤因比：科学的进步，通过技术的应用，给人带来统治别人，统治人以外的自然力量。

技术的进步来自人们合作的累积成果。相反，因果报应决定人的伦理水平，形成每个人在精神生活中连续的因果报应账目。不管我们相信人是生死的连续反复，还是相信人在这个现象的世界上生命只有一次，情况都是一样的。

某一社会在特定时期的伦理水平，取决于该社会成员各自的因果报应的结算情况，也取决于各成员（积极的也好，消极的也好）在伦理上的相对影响。生活方面的幸福或痛苦实际上不是科学和技术进步的原因，而是因果报应。

池田：您谈得非常深刻。那么，怎样去转变这形成人性的因果报应（常常是多灾多难的）呢？我们称它为人的革命。

汤因比：为自己也好，为社会也好，最重要的是，如何把自己的因果报应向好的方面转化。为此，唯一的方法是尽最大努力去克制自己。本来个人在精神上的进步和退步是变化不定的，累积式的精神进步是没有的。

池田：不断地进行自我锻炼，人在精神方面就会进步。但稍有疏忽，这种进步就可能化为乌有。

【评述】

两位学者对“科学的进步”持否定态度，因此，对人类文明进步的认识就偏离了主线。21 世纪是量子时代，量子力学、相对论、天体物理学是人类智慧的前沿成果，是哲学的展开形式。现代科学模式已经颠覆了以往“单一粒子”性的观念，而深入到“无”“有”二象的“道”的原本概念，是哲学的展开形式，具有引领性作用。当代的前沿科学是向“玄之又玄，众妙之门”的进步，也是生命向“人亦大”的展开与发挥，是哲学统领科学的进步。

特别应该纠正的一个观点，是“文明的进步在于因果报应的积累”。首先它否定了大宇宙“无为自然”的自控体系，否定了“万物莫不尊道而贵德”的统领性。“天之道，其犹张弓与？高者抑之，下者举之；有余者损之，不足者补之。”（《老子》七十七章）人具备着“道之大”的本性，能自觉地修正过分“有为”和欲望，是“天人合一”的自然过程。这就是圣人讲的“自知”“自宾”“自化”“自定”。生命的自知、自化是自然而然的启动，是生命的自信，无须因果的积累。自信来源于宇宙的原本，来源于祖先的遗传，那是有无相生的无限永恒，于自性中万法皆见。

4. 爱与良心

池田：博士说生物的进化，就是发现爱和良心的过程。我认为爱和良心是具有价值的，而生物进化跟这种价值因素根本没有关系。

关于精神和肉体的关系，我是这样看：人的生命是一个完整统一的存在。大脑生理学已经弄清楚，支配人的优秀智能作用的是大脑前叶。这是其他动物所没有的。这是人的显著特征。前叶，它一方面产生创造性，同时它也是“杀人犯”般的残忍性的来源。于是，生物进化的结果，一方面是发现爱和良心，另外还有它的反面，那就是憎恶和狡猾。

汤因比：大脑的有机体是物理性的东西，而不是精神性的东西。精神活动始终不是物理性的活动。至于您认为生物学上的进化会同时产生善和恶，毋宁说恶比善产生得更多。我有同感。

池田：爱和良心这种人的生命是怎样形成的？博士似乎没有想到创造人的生命的类似神这样的存在。

汤因比：我不认为爱和善的精神是如此意义上的神。据我个人的经验来看，爱和善表现于人的感情和行动之中，并且也表现于某些哺乳动物和鸟类之中。行善是一种目的，但是我也不认为生物学上的进化是有目的的。就是说，生物学上的进化不是靠内在的什么力和外来的超绝的力被引向某个伦理目标或其他目标，只有维持生命的目的。

池田：认为生物进化是有目的的想法，是错误的。我没有听说过在大脑的什么地方有爱和良心定位这样的说法，所以爱和良心还是后天习得的。这与其说是由于物质进化，不如说是受社会历史的影响更恰当些。

汤因比：在这个问题上，我和您的意见不同。的确，爱和良心使人对当时社会的行为规范进行了反抗和叛逆，但是，这种反抗绝不是由于社会规范引起的。

池田：的确，可以说爱和良心是进化的结果之一，但是，不是为了产生爱和良心而进化的。历史告诉我们，由于爱，由于良心，人类犯下了许多暴行。比如，十字军远征和宗教战争中所看到的残暴行为，是为了向神表示爱，是为了执行神的正义，是受良心的命令进行的。看来，爱和良心本身并不是善。爱的对象不同，良心的原理不同，它可能成为善也可能成为恶。

汤因比：当然，爱和良心常常被引导到错误方向。社会不同，或在同一社会内，人变了，实际上什么是正义，什么是非正义，观点就不同了。这样善恶的概念在实际应用时要产生多样性，主观判断也是多样性。

池田：爱的对象向人类、向地球上全部生命扩展，良心树立在对生命尊严的无限敬畏上，如此才可以作为“善”表现出来。

汤因比：是的，爱和良心，只要不以全人类、地球以及其他天体上的全部生物，甚至全宇宙本身为对象，是不会产生完全的好结果。

“爱”和“良心”跟“善”和“正义”一样，都是相对而言的。“善”如果没有它反面的概念“恶”，是没有意义的。“正义”是伴随着其相反的概念“邪恶”的。同样，“爱”是伴随着“憎”，“良心”伴随着“罪恶感”，“涅槃”伴随着“欲望”和“苦恼”。“苦恼”在进入“涅槃”状态时才能被消灭。所以说每个都作为相反的概念而与对方存在着。成对而相反的概念，是不可分离的，相辅相成才成为完整的东西。二者在逻辑上是对等的，而在伦理上是不对等的。从这些事实中，我认为宇宙中存在着立志于爱、良心、善、正义、涅槃的精神，但不是全能的，这种精神常常遇到它的对立面。在遇到对立面时，不能保证使善处于优势地位。

池田：我的结论是，人生是似非而是的、烦琐的、艰难和痛苦的。人处于这样的境遇，应该如何应付呢？小乘佛教主张通过消灭欲望去消灭生命而进入涅槃。大乘佛教认为佛陀和菩萨随时都可以进入涅槃，然而却主动地推迟不入。之所以这样，是因为自己暂时不出离是为了帮助其他有情的东西出离。我赞同大乘佛教的理想，这接近基督教的理想，我是作为一个基督教徒被培养起来的。

池田：基本方向，应该是大乘佛教的生活方式，就是怎样在利他的实践中，感到无上喜悦。

【评述】

本节讨论的是人类精神层面的存在，两位学者称之为“爱”与“良心”。因为没有从原本上搞清楚，所谈的观点产生的负面影响大于正面影响。因此，我们先从“原本”说起。“道”是无限伟大的生命体系，圣哲比喻为“万物之母”，蕴含着一切宇宙万物的精神性存在，那就是大爱无疆的宇宙情怀——“生而不有，为而不恃，长而不宰”“慈，俭，不敢为天下先”。其中包含着汤因比先生所说的“宇宙终极的精神之存在”。“三生万物”之际，赋予了人类伟大的宇宙情怀，这就是“道大，天大，地大，人亦大”所表述的存在，是人类生命核心的存在。如果说进化，人生就是向“人亦大”进化，是“深矣远矣，与物反矣”的“玄德”不断展开和显现的过程，玄之又玄，“同出而异名”。人生之所以有伟大的自信，因为其生命的根底是“道之大”的宇宙情怀，道在心中。

两位学者对原本概念的诠释，没有进入到“量子诠释”的范畴，因此缺乏引领性。为此，我们以“量子诠释”来说明一些问题。

宇宙和人类精神层面的存在是量子状态或超量子状态，那是“无状之状，无物之象”的内在世界或暗宇宙，是无中生有、有无相生的场景，遵循的是“道法自然”“天人合一”的理念。量子的二象性、不确定性、互补性、多个历史的概率以及超光速的量子纠缠等，都是对人类精神世界的高明诠释，值得信奉，超越宗教。

量子概念是大道哲学深远运行的展开形式，代表生命进化的前沿状态。比如生命信使（“精”与“信”）是“天下之至柔”，具有“逝、远、反”的自然性；刹那间可与宇宙原本“纠缠”，与深远的宇宙万类交流，又刹那间“复归于婴儿”，也就是新生。这也是佛家讲的“涅槃”。“逝、远、反”是循环往复的过程，“涅槃”是“出生入死”循环往复的过程，也就是刹那间复归，刹那间新生，这是微观世界和暗宇宙的道理。“量子诠释”让我们明白这一切，明心见性。

关于“爱”与“良心”的概念，两位学者没有说清来龙去脉。我们用王阳明的心学“良知”和“知行合一”阐释根由。人善的行为在于对“天道”的知晓，也就是对宇宙大规律的知晓，其中包括“知其雄，守其雌”“知其白，守其黑”“知其荣，守其辱”，这是“知行合一”的前提。“良知”潜隐在生命之中，在于无为自然的启动，“不必外求”。“执大象，天下往；往而不害，安平太。”大象在心中，“良心”就是本心。

两位学者关于“爱”和“良心”是“相对而言”的观点，十分深刻。他们讲“善”，如果没有它的反面概念“恶”，是没有意义的，“正义”是伴随其相反的概念“邪恶”的。同样，有“爱”就有“憎”，有“良心”就有“罪恶感”。这些成对的相反概念，相辅相成才成为完整的东西。虽然他们认识到了事物的“二象性”，但是没有看到二者同一的进步意义。《老子》第一章：“此两者，同出而异名，同谓之玄；玄之又玄，众妙之门。”量子力学的互补原理，是生命“冲气以为和”的玄妙，是升华与进步。有如暗宇宙之中，正粒子与虚粒子相互碰撞，转换为巨大能量，又回归于原本。

在外在世界人们看到的与“善”“良心”“爱”相对立的存在，比如战争与贪占，在内在世界都会遵循“同出而异名”和量子互补原理，转化为“道之大”的趋势，是玄之又玄的众妙之途。人类文明的路线是“曲则全”。

5. 爱与慈悲的实践

池田：现代社会最缺少什么？我想是深刻的“人类之爱”。现实中，在其深处却往往隐藏着“憎恨”。

汤因比：爱总是意味着欲望。一种是“想给予”“想帮助”的欲望；另一种是“想夺取”“想占有”的欲望。您说得对，现代社会中，“给予”的爱正在非个人化，而且不断丧失。

池田：“给予”意义上的爱，是被福利政策或慈善团体的活动所独占。

汤因比：现在西欧已经没有爱的意思了，而是有钱人向穷人施舍的意思了。在这种心理状态下，慈善的施受，接受的一方往往引起对慈善的憎恨。

池田：“同苦”的感情，是由于发达的优秀智能而产生的。“同苦”无论对爱也好，对慈悲也好，都是最基本的前提。

汤因比：您从实践的角度，对佛教主张的慈悲概念中，“拔苦”即除掉苦恼做了解释。

池田：从生命深处涌现出纯洁的、强有力的欢乐，才是佛法说的“与乐”，即“生之快乐”。

汤因比：用计算机管理能和爱共存吗？

池田：社会巨大化、复杂化，人人都失去个性，精神枯竭，这种状况在日本、在欧美各国都是同样的。佛法主张，现实的终极的理想是确立人本来的自主性。即或使用计算机，而操纵它的仍是人。因此我想，如果人不忘记作为自主者的自觉性，不忘记自主地对待社会，那么保持人与人之间的爱和慈悲并进而使其扩大下去，绝不是不可能的。

【评述】

两位学者对“爱”的理解是不开阔的，同时对当今社会的看法是灰暗和消极的。

如果把“爱”看成是人类主要层面的精神性概念，它的纲领性内容依然是“生而不有，为而不恃，长而不宰”，具体表现是“利而不害”“为而不争”。这是人类本来的“自主性”。不能用“个人化”的多少来判断道德范畴的“爱”。道德范畴的“爱”是生命的原本存在，无论环境如何，它永久地自然展开，“爱”是天之道。

宇宙是二象性，粒子是二象性，生命也是二象性。老子讲“知其荣，守其辱，为天下谷。为天下谷，常德乃足，复归于朴”。“荣”与“辱”包含着“乐”与“苦”的概念，二者是本然存在，是本然展开的过程。两位学者讲的“慈善业”或者富人与穷人的“施舍”与“憎恨”，都不是主流的东西，社会依然是“常德乃足，复归于朴”。进入量子时代，“常德乃足，复归于朴”大多发生于内在世界运行的过程；要想看得明白，需要放开量子态的眼光。当下新时代的哲学主题是：命运共同，荣辱与共。

6. 爱的领域的扩大

【评述】

两位学者本节主要谈的是“女性之爱”，烦琐而容易跑题。

我们反复强调谈论大事时，必须考虑“二象性”。所以谈论“女性之爱”必然要涉及相对的一面。老子讲：“知其雄，守其雌，为天下溪。为天下溪，常德不离，复归于婴儿。”男性之爱与女性之爱是共同存在的，不可分离看待。也就是《易经》所说的乾坤二卦，“厚德载物”有大爱，“自强不息”也有大爱，同一互补才能“复归于婴儿”般的新生，大爱无疆的宇宙母系情怀普散而永恒。

中华民族文明，是信奉宗教之上的“天之道”，是敬畏祖先，是家族传承。所以中华民族重视家风，重视家风也就是重视国风，“修之于家，其德乃余……以家观家，以国观国”（《老子》五十四章）。所以说，对家的认知也就是对国的认知，是中华民族文明的根系，不可忽视。两位学者对家庭持否定态度，是不可取的。

7. 至高无上的人的价值

池田：必须把生命的尊严看作最高价值，并作为普遍的价值基准。宗教也好，社会也好，设置比它更高的价值，最终会招致对人性的压迫。

汤因比：但是在这种情况下的“生命”一词，不能限定为“生物的生命”，其中包括人这一从宇宙中分离或者半分离出来的生物，宇宙的全体，还有其中的万物都有尊严性。如果人侵犯了它的尊严性，就等于侵犯了我们本身的尊严性。比如对自然界的污染即是如此。

池田：要把大宇宙本身作为生命来理解。生命是有尊严的，它没有任何等价物。现在人们已经各有自己的价值基准了，这叫价值的多样化。但是，即或承认价值的多样化，是否需要一个包括多样化的共同基础呢？没有这样一个基础，人与人之间的相互信赖和协调就建立不起来。

汤因比：尊严是绝对的，任何有价值的东西都不能代替尊严和荣誉。

池田：支持什么价值体系，这决定一个人对人生的看法。

汤因比：人要对自己的尊严有所觉悟，就必须谦虚。说人是有尊严的，这只限于没有私心的、利他的、富于怜悯的、有感情的、肯为其他生物和宇宙献身的情况。只要为贪欲而进行侵略，人就不会有尊严。

池田：应该说，自己的尊严要自己负责。但是现实中，人经历的往往还是相互憎恨，相互损伤，丑恶的对立斗争的历史。总而言之，只有把自己生命的作用变为美好的东西，去怜悯一切其他生命，不做损害他人的丑事，才能使人的生命在事实上成为有尊严的。除此之外，别无他法。

汤因比：迄今为止，人的伦理行为的水准一直很低，丝毫没有提高。但是，技术水准却急剧上升。结果是技术和伦理之间的鸿沟空前增大。而对这种现状，我们应感到耻辱。为确立尊严（没有它，生命就没有价值，人生也不会是幸福的）必须做出进一步的努力。技术领域不会确立尊严。评价伦理上是否达到目标，要看我们的行动在多大程度上不受贪欲和侵略心所支配，在多大程度上把慈悲和爱作为基调。

【评述】

把“尊严”看成是“至高无上的人的价值”，既不是“天之道”，也不是“圣人之道”，不能成为生活的基本原则。时下常听人说“我要活得有尊严”，往往指个体而言，无论作为伦理的概念还是平常用语，都没有像两位学者所说的那样广泛。

从人生的价值方向考虑，我们推崇“生命就是使命”的观点。“使命”有整体的，也有个体的；既有天道的，也有人道的；既有宇宙情怀，也有家国情怀；既平凡又伟大。总之，是天人合一之道的展开与践行。

使命来源于原本存在，也就是生命的核心存在（“精”与“信”），价值的实现也就是“法地、法天、法道”的自然无为的过程。我们称之为“使命完成”，它比“价值完成”更具有善美的目的与意义。

生命的自然，对于人类而言就是自觉性地履行使命，“归根曰静，是谓复命”（《老子》十六章）。“使命”的内容包括“身”“家”“邦”“国”“天下”和宇宙万类，“修之于身，其德乃真，修之于家，其德乃余；修之于天下，其德乃普”。“使命”包括对家庭的、对集体的、对朋友的、对国家的，哪怕身边的一草一木，都要“尊道贵德”地对待。完成使命就回归于“无”，进入“无中生有”“有无相生”的宇宙循环路线——天之道。

“使命”感的发挥与提升是生命的原动力，促使生命向伟大进发——“道大，天大，地大，人亦大”。这一伟大过程主要是在“视而不见”的内在世界运行的，有如量子纠缠那样刹那间完成。两位学者看外在世界的一面过多，忽略了“道隐无名”的量子样式的生命状态。我们着重强调的是，人的价值体现不在于“新宗教的形成与影响”，而是自信自觉的“无为自然”。西方先哲也说过“自知”“勿过”。明心见性就是证见自己。

两位学者把科学技术看成是对生命价值“尊严”的破坏性行为，是对伦理的损害，所以，认为“人的伦理行为的水准一直很低”。这是宗教的负面影响，偏离了大道哲学的认知路线。我们反复强调一条基本原则——哲学在宗教之上。进入量子时代，更是如此。

汤因比先生是研究历史的，人类由牛顿力学时代进入到量子时代，是人类生命价值飞跃式的发挥过程，也是伦理水准的伟大提升。这需要把内在世界与外在世界同一起来观察，方能步入“众妙之门”。《老子》四十七章讲：“不出户，知天下；不窥牖，见天道。”进入量子时代的人类，“知天下”“见天道”是超越性的进步，这是两位学者所谈“尊严”与“伦理”的现实基础。前沿性科学技术提升了生命外在世界的运行速度，因而扩展了完成“使命”的范围；与天下人交流合作，向宇宙深处探索“玄德”——“深矣远矣，与物反矣”。

社会人生永远与“道”同在，永远自然地践行道德价值，现代前沿科学成果是道德哲学的展开形式，也是对生命价值的诠释。不可以把前沿科学智慧成果与人生的意义与目的割裂开来，更不可以把科学看成是对道德的背叛。永远信奉“执大象，天下往；往而不害，安平太”。

第三编　谈《人类简史》

一、认知革命

1．人类：一种没什么特别的动物

两百万年前，这些远古时期的人类，和一般动物比起来没什么特别。我们所属的人科不仅成员众多，而且特别吵闹，那就是一堆巨猿。在七万年前，有一只母猿产下两个女儿，一只成了所有黑猩猩的祖先，另一只则成了所有人类的祖奶奶。

2．家族秘史

最早的人类是从大约两百五十万年前的东非开始演化，祖先是一种更早的猿属(南方古猿)。从大约两百万年前到大约一万年前为止，整个世界其实同时存在多种不同的人种，就像今天地球上还是有多种的狐狸、熊和猪一样。过去多种人种共有应是常态，现在地球上只有“一种人”，才是异常。

3．思考的代价

人类的大脑明显大于其他动物。

4．厨师的种族

人类发明了火，让人首次与其他动物明显不同。

5．兄弟的守护者

大约七万年前，智人从东非扩张到阿拉伯半岛，并且很快席卷欧亚大陆。

智人之所以能征服世界，是因为有独特的语言。

【评述】

人类的起源说法不一。这本书中所说的古人类和其他动物没什么两样，或者说由猩猩类演化而来等等，都是一家之言，均无定论。但是，把自己的祖先说得很低级，让人觉得很不自在，是自己否定自己的伟大本来。对此，我们应该信奉“轴心时代”先哲的经典，遵循大道哲学的认知路线。“道生一，一生二，二生三，三生万物”“有，名万物之母”“有生于无”“有无相生”，宇宙是无限永恒的伟大生命体系，圣哲将其比喻为“万物之母”，惚恍之中爆发式地生发了宇宙万物，包括人类，同时也有了时间与空间。并没有从猴子转化为人的过程，原本即人。从“无中生有”开始，人类生命就具有宇宙本体的智慧与能力，以及宇宙情怀，“道大，天大，地大，人亦大”。人类的进化，就是“道大，人亦大”的展开过程。书中讲的那些类人猿、猩猩以及旁系人类，如果存在，也不属于“人亦大”的范畴，与人类进化的主导路线无关。树立“人亦大”的宇宙观和生命观，是树立生命的伟大自信，是超越宗教的信仰。

6. 绕过基因组织的快速道路

DNA 并不是唯一的决定因素，其他因素还包括环境影响以及个体的特殊之处。

两百万年前，就是因为基因突变，才让“直立人”这种新的人类物种出现。只要直立人没有进一步的基因改变，他们的石器也就维持不变，就这样过了两百万年。

7. 历史和生物学

生物学为智人的行为和能力设下了基本原则。

【评述】

DNA 对人类的进化并非是决定性的。单一的物质性的存在，不可能引发“直立人”的出现。书中列举的“认知革命”的影响，缺乏原本性依据。

决定人类进化的是生命的核心存在——“精”与“信”。“其精甚真，其中有信。自古及今，其名不去，以阅众甫。”“精”与“信”存在于道隐无名的内在世界，可以用“窈兮冥兮”的量子状态比喻，潜藏着“道之大”的智慧、能力与情怀。人类进化是外在世界与内在世界二象同一的进化，是从原本而来的道德进步。书中所说的一些外在世界琐碎现象不足以代表生命的本质。

8. 亚当和夏娃的一天

想要了解人类的天性、历史和心理，就得想办法回到那些狩猎采集的祖先头脑里面，看看他们的想法。

【评述】

书中讲到智人以采集为主的生活阶段，主要是作者个人想法，没有丝毫的“人亦大”的品格，读之无益。

人类从源头开始，就怀有“道大，人亦大”的品格，绝不是“从简单到复杂”的进化路线，也不是从低级动物(比如猴子或猿)到高级智人的“基因突变”过程。作者把人类生命看小了，尤其是进入量子时代，更应看大人类历史的古往今来。量子有多个历史，量子刹那间可与宇宙万物纠缠交流。

9. 毁灭天地的人类洪水

像是弗洛里斯岛，早在八十五万年前便已有人居住。

大约在三万五千年前就有人类抵达日本，而在大约三万年前就有人抵达中国台湾。对这两者而言，殖民者都得越过广阔的海洋，而在这先前的几十万年间都还是不可能的任务。

10. 罪名成立

有些学者试着为人类脱罪，把这些物种灭绝的责任推给气候变迁，其实人类难辞其咎。

翻开历史的记录，智人看起来就是个生态的连环杀手。

11. 地懒的灭绝

澳大利亚巨型动物的灭绝，可能真是智人留在地球上的第一个明显标志。

来到美洲的智人，绝非什么善男信女，他们造成了血流成河的景象，受害者多不胜数。

几十年来，古生物学家和动物考古学家在美洲地区研究地懒的粪便化石，认为地懒等动物的消亡，人类是罪魁祸首。

12. 诺亚方舟

智人的第一波灭绝，是整个动物界最大也是最快速的一场生态浩劫。接着第二波灭绝浪潮则是因为农民的扩张。第三波灭绝浪潮，是由工业活动所造成的物种灭绝。

【评述】

作者把人类的生存发展过程，看成是灭绝动物“毁灭天地”的洪水猛兽，否定了“天人合一”的宇宙生命观，自己也丧失了原本的道德品格。书中所列举的一些资料并非史实，有的是个人猜度，不可信赖。

人类与万物是“道生之，德育之”“莫不尊道而贵德”。同生共长，命运共同，是大宇宙自然而然的规律。人类从原本而来就具备着宇宙情怀——“生而不有，为而不恃，长而不宰”，潜隐在生命的核心存在“精”与“信”中。人类的生存与发展史，就是“人亦大”品格不断展开与发挥的过程。天人合一是主线，哪能“毁灭天地”。

现代人看远古历史，应该抱着“为往圣继绝学，为万世开太平”的态度，坚定对圣哲经典的信奉，

“执大象，天下往；往而不害，安平太”。

二、农业革命

1. 史上最大骗局

从采集走向农业的转变，始于大约公元前 9500 年。公元前 8500 年，农业发源于土耳其东南部、伊朗西部和地中海东部的丘陵地带。

即使到了今天，虽然人类有着种种先进科技，但超过百分之九十的食物热量来源仍然是来自人类祖先在公元前 9500 年到公元前 3500 年间驯化的植物：小麦、稻米、玉米、马铃薯、小米和大麦。在过去的两千年间，人类并没有驯化什么特别值得一提的动植物。

为什么农业革命发生在中东、中国和中美洲，而不是澳大利亚、阿拉斯加或南非？原因很简单，大部分动植物其实无法驯化。适合农牧的只有极少数几种，这几种物种只生长在特定的地方。

并没有任何证据显示人类越来越聪明。农业革命所带来的非但不是轻松的生活，反而让农民过着比采集者更辛苦、更不满足的生活。农业革命可说是史上最大的一桩骗局。人类以为是自己驯化了植物，但其实是植物驯化了智人。

如果要衡量某种物种演化成功与否，评断标准就在于世界上其 DNA 螺旋的拷贝数的多寡。这很类似货币的概念，就像今天如果说某家公司行不行，看的是它的市值有多少钱，而不是它的员工开不开心；物种的演化成功，看的就是这个物种DNA拷贝数的多寡。这正是农业革命真正的本质：让更多的人以更糟的状况活下去。

身为个人，为什么要管这种演化问题？如果有人说，为了“增加智人基因组在世界上的拷贝数”，希望你降低自己的生活水平，你会同意吗？没有人会同意这笔交易。简单说，农业革命就是一个陷阱。

【评述】

作者把人类进化说得很糟糕，把“智人”看成是毁坏万物，也是毁坏自己的罪魁祸首。他所列举的例子大多都添加了个人的臆断，或是画蛇添足地套上一些现代化的字句，由此得出“骗局”“陷阱”的结论。作者没有经历“农业革命”的全球性过程，因此会有很多很多的想象偏差。但是，即使再偏差也不能如此大幅度地否定祖先，除非智人并非祖先。

作者以小麦为例的一段文字，更是缺乏判断原则。“对于那个营养不良的中国汉代女孩或是大多农民来说，小麦究竟给了他们什么？对于个人来说，小麦根本算不上给了什么。但对于智人这个物种整体来说，小麦的影响就十分深远，种植小麦，每单位土地就能提供更多食物，于是智人数量是呈指数增长，人口密度增大，染病及营养不良的情形要比过去严重得太多。”

作者以自己编造的“小故事”扭曲了人类伟大的进化历史。虽然我们现代人没有经历过远古智人的生活，但是我们依据的是可以信奉的圣哲经典。人类从源头开始就具备了宇宙的原本智慧，圣哲所说的“地大，天大”的智慧。所以，历史上的采集也好，狩猎也好，农业革命也好，都是人类原本智慧的展开成果，是天人合一的进步过程。这是符合宇宙规律的历史，道法自然，生命自信。

“量子诠释”提示我们，人类进化有如恒星一样，从古到今持续地发挥着原本光辉，其名曰“大”。

2. 奢侈生活的陷阱

3. 神圣的干预

【评述】

作者在此节中谈到了“小麦”事件的另一个方面，那就是象征文化的“巨石阵”，尤其是公元前9500 年的哥贝克力石阵。但是作者没有弄明白它的历史意义。看历史之所以出现偏差，一是所采用的“历史故事”不具备代表性或者不符史实；二是没有依照圣哲的经典，纯属个人之思。作者看“小麦”故事和“巨石阵”故事只注意到外在世界现象，没有观照内在世界的历史状态，偏离了“二象同一”的认知路线。其结果“差之千里”，自己也进入了“陷阱”。

4. 革命的受害者

从狭隘的演化观点来看，演化成功与否的标准就在于DNA的拷贝数。虽然就演化而言，驯化的鸡和牛很可能是最成功的代表，但它们过的其实是生物史上最惨的生活。动物的驯化是建立在一系列的野蛮行为上，而且随着时间的前行，残忍程度只增不减。举例来说，不难想象牛宁愿优哉游哉地在开阔的草原上整天漫步，而不是被一个猿类在身后挥着鞭子，要它拉车拖犁。

从牛羊的观点而非牧者的观点来看农业革命，就会发现对绝大多数的家畜来说，这是一场可怕的灾难。

我们从农业革命能学到的最重要的一课，很可能就是物种演化上的成功并不代表个体的幸存。

【评述】

作者的书名是《人类简史》，但是其中的内容好像是站在牛羊鸡等动物的立场上评论人类。比如把受驯的动物说成是受害者，以此声讨人类的残暴。

圣哲认为，宇宙万物（包括人类）自始至终都是完成使命的过程。草被兔子吃了，兔子被狐狸吃了，狐狸被老虎吃了……是生物链的必然形式，也是使命完成的互补性过程。如此，伟大的宇宙生命体系才能绵延长久。人是和宇宙生命体系同等之大的存在，秉持着天之道的使命与情怀，遵循的是“无为自然”的主导原则。古时驯化动物，应该符合“自化”的道德范畴。如果作者的言外之意是指现代的人类行为所造成的污染或动物灭绝，那也应有个恰当的评述。

5. 未来的来临

农业革命之后，“未来”的重要性被提到史上新高。农民担心未来，除了因为有更多东西要保护，也是因为现在有别的方法可以减少风险。

这些征收来的多余食粮，养活了政治、战争、艺术和哲学，建起了宫殿、堡垒、纪念碑和庙宇。于是，历史只告诉我们极少数的人在做些什么，而其他绝大多数人的生活就是不停挑水耕田。

6. 由想象所构建的秩序

从农业革命之后，不过短短几千年就出现了城市、王国和帝国，但时间并不足以让人类发展出能够大规模合作的本能。

虽然人类基因演化仍然一如既往慢如蜗牛，但人类的想象力却是极速奔驰，建立起了地球上前所未有的大型合作网络。

大多数的人合作网络最后都成了压迫和剥削。所有这些合作网络，不管是古代美索不达米亚的城市，还是秦朝和古罗马的帝国，都只是“由想象所构建的秩序”。支持它们的社会规范既不是人类自然的天性本能，也不是人际的交流关系，而是他们都相信着共同的虚构的神话故事。

虚构的故事是怎么支撑着整个帝国？现在我们可以看看两个历史上有名的虚构故事。第一个是公元前 1776 年的《汉谟拉比法典》，第二个是公元 1776 年的美国《独立宣言》。

《汉谟拉比法典》认为，巴比伦的社会秩序根源于由神所指示的、普遍且永久的正义原则。将所有人类分成男女两种性别，以及上等人、平民和奴隶三种阶级；性别和阶级不同，价值也就天差地别。

美国的《独立宣言》宣告自己是普遍和永恒的正义原则。《独立宣言》主张："我们认为下面这些真理是不言而喻的：人人生而平等，造物者赋予他们若干不可剥夺的权利，其中包括生命权、自由权和追求幸福的权利。"

美国人认为所有人都是平等的，而巴比伦人显然并不这样认为。但事实上，他们都错了。这些从来就没有客观的正确性，只存在于智人的丰富的想象力里。

美国人的平等来自基督教，基督教认为每个人的灵魂都是由上帝创造的，而所有灵魂在上帝面前人人平等。但是，演化的基础是差异，而不是平等。每个人身上带有的基因密码都有些不同，而且从出生以后就接受着不同的环境影响发展出不同的特质，导致不同的生存概率。"生而平等"，其实该是"演化各有不同”。根据生物学，人并不是被“创造”出来的，自然也就没有“造物者”去“赋予”人类什么。个体诞生的背后只是盲目的演化过程，而没有任何目的。同样，生物学上也没有“权利”这种事，只有各种器官、能力和特性。鸟类会飞就是因为它们有翅膀，可不是因为有什么“飞的权利”。所以，“不可剥夺的权利”其实是“可变的特性”。

生物学可不讲“自由”这种东西。“自由”就像是“平等”“权利”和“有限公司”，不过是人类发明的概念，也只存在于人类的想象之中。从生物学的角度看，要说人类在民主社会是自由的，而在独裁统治是不自由的，这点完全没有意义。生物学研究还是没有办法为“幸福”明确下定义，只认为“快感”确实存在。

因此，《独立宣言》改用生物学、科学的角度来写，该是如下。我们认为下面这些真理是不言而喻的：人人演化各有不同，出生就有某些可变的特性，其中包括生命和追求快感。

上面这段推论过程，如果是平等权和人权的激进分子看到可能会大发雷霆，大声驳斥：“我们知道人在生物学上不相等！但是如果大家都相信人人在本质上平等，就能创造出一个稳定繁荣的社会。”这点我完全赞成，但这正是我所说“由想象所构建的秩序”。

【评述】

本节的内容不符合人类历史的规律，所列举的例证琐碎且不具有主导性。有些结论是信口开河，不负责任。

作者认为，人类历史上的重要文明现象是“由想象所构建”，并非是“人类自然的天性本能”。作者甚至武断地说：“根据生物学，人并不是被‘创造’出来的，自然也就没有‘造物者’去赋予人类什么。个体诞生的背后只是盲目的演化过程。”

作者否定圣哲的宇宙观和生命观，否定人和宇宙的同一性。人类是不知从何而来的“盲目演化”的动物。如此，人类的生存有何意义？人类的信念有何寄托？

圣哲思想是人类文明的引领者。我们一直强调：哲学引领世界，哲学在宗教之上。因此，在判断《人类简史》的优劣时，应该以“尊道贵德”为标准。

人类进化过程“所建构的秩序”，如作者所说的农业、天气、环境等，都是在圣哲思想的引领下发生发展起来的，中国的《易经》就是这样的“引领者”。美国人的《独立宣言》不是“虚构故事”的产物，也不应以发生学作为判定标准。《独立宣言》来源于“轴心时代”的西方哲学。“轴心时代”的哲学思想是人类赖以生存的主要精神财富，每到转折关头，依然会燃起火焰，照亮前行的方向。

东方圣哲经典树立起人类进化的总体路线，也就是“宇宙生论”。宇宙是无限永恒的伟大生命体系，其源头被喻为“万物之母”。宇宙“无中生有”“有无相生”，爆发式地生发万物，生发人类，并赋予人类和宇宙同一性的品格和能力——“道大，天大，地大，人亦大。域中有四大，而人居其一焉”。人类潜隐着像宇宙时空那样“大”的“玄德”，“玄德深矣远矣，与物反矣”。作者的生物学没有看到人类生命“同出而异名”的内外两个世界，“玄德”是内在的。作者没有认知生我养我的“宇宙之母”，人类源于无限伟大的母系，既超越了迷信，也超越了科学；既有可靠的根基，又有可望的终极目的。书写《人类简史》的作者，如果连人类的源头和终极目的都没有一个定数，那真是要“盲目演化”了。

7. 真正的坚信者

8. 监狱的高墙

【评述】

作者一直强调“想象所建构出的秩序”，文明是靠“想象”发生与发展的。同时他也没交代“想象”的出处，但是他反对“是由伟大的神或是自然的法则所创造”，他说“不管是基督教、民主还是资本主义，都只是由想象所构建出来的秩序”。

作者所说的“想象”既不是宗教，也不是哲学，既不是神学，也不是科学，完全是个人的“想象”。人类信奉的圣哲经典，是关于“天道”“人道”的学问，是一切学问的纲领。看历史、写历史应“畏天命，畏大人，畏圣人之言”。作者强调的“想象”决定历史，容易模糊人们的主见与信仰。

9. 由库辛签核

10. 官僚制度的奇迹

11. 数字的语言

【评述】

作者依然强调“想象”在人类历史进程中的决定作用，而小看 DNA 和大脑的功用。同时却又强调蜜蜂等物种的基因组决定性作用。作者不厌其烦地描述蜜蜂：“蜜蜂形成的大型社会，稳定又灵活，是因为它们的基因组里已经储存了合作所需的大部分信息……我们没见过有蜜蜂负责的打官司。之所以蜜蜂不需要律师，是因为不会有蜜蜂违反蜜蜂宪法，认为清洁蜂不该有生命权、自由权和追求幸福的权利。但人类可就不同了，这种事总是不断发生。因为智人的社会秩序是通过想象构建，维持秩序所需的关键信息无法单纯靠 DNA 的复制就传给后代。”

总之，作者把人类的作用和能力看得十分被动，是靠“想象”生活，还不如“没有律师”的蜜蜂自然自在。作者没有认识清楚生命的核心存在是什么及其无与伦比的功能。另外对生命基因组的理解已经不是“复制与传递”信息的水平，而应该提升到“量子诠释”的场景。生命核心存在是与“道”同等之大的“人亦大”，“以通达神明之德，以类万物之情”。生命核心存在是二象同一的，它既包容着外在世界的基因组、大脑建构，也包容着“道隐无名”的内在世界。人的内在世界可以用暗宇宙、暗能量来比喻。“道法自然”“天人合一”是人类内在世界的生存理念，相对论的质能转换、量子论的互补原理、量子纠缠等都可以在内在世界“尊道贵德”地运行。“玄之又玄，众妙之门。”人类与蜜蜂和其他物种的区别在于“道大，人亦大”，不在于“制造工具”与“直立行走”。

12. 历史与正义

农业革命后几千年的历史，可以总结为一个问题。如果人类的基因里并没有大规模合作的生物本能，所有的合作网络究竟如何维系？简单的讲法，是人类创造出了有想象建构的秩序，发明了文字，以这两者补足我们基因中的不足。

然而历史的铁则告诉我们，每一种由想象建构出来的秩序，都绝不会承认自己是出于想象和虚构，而会大谈自己是自然、必然的结果。举例来说，许多赞成奴隶制度的人认为这是自然现象，并不是人类所发明出来的一种制度。

阶级区别不过是人类想象的产品罢了。

大多数有钱人之所以有钱，只是因为他出生在有钱的家庭；而大多数穷人一辈子没钱，也就是因为他出生在贫穷的家庭而已。

但不幸的是，复杂的人类社会就是需要这些由想象建构出来的阶级制度和歧视。

一次又一次，人类要让社会有秩序的方法，就是将成员分成各种想象出来的阶级。

阶级有其重要的功能。有了阶级之后，陌生人不用浪费时间和精力真正了解彼此，也能知道如何对待对方。

13. 恶性循环

虽然说所有社会的背后都是由想象建构出来的秩序，但种种秩序却又各有不同。这些差异的原因为何？传统的印度社会是用种姓制度来分阶级，土耳其用宗教，美国用种族，但为何如此？这些阶级制度开始时多半只是因为历史上的偶发意外，但部分群体取得既得利益之后，世世代代不断加以延续改良，才形成现在的样子。

统治者主张，种姓制度反映的是永恒的宇宙现实，而不是历史发展的偶然。印度的宗教将洁净和不洁视为两大重要概念，也以此作为社会金字塔的根基。

【评述】

作者谈人类历史上的阶级划分、权利差异等，都是拿基因或想象来说话，说得很细致，但不会给以后的人类有什么积极的启发。

我们认为谈人类历史，必须把人类的来由说清楚，否则谁都可以有自己的一套说法，也不能判断作者的“想象”“基因”等理论的真伪。

东方圣哲树立的宇宙观和生命哲学是引领人类自己相信自己：“我即宇宙”“道大，人亦大”；没有主宰，无为自然。“相信自己”就是相信自己与大宇宙的同一性，相信自己具有“道之大”的智慧与能力，相信自己的道德情怀——“慈，俭，不敢为天下先”。人类与大宇宙的同一性都潜隐在生命的核心存在——“精”与“信”中。此核心存在也是原本存在，自“三生万物”之端始延续至今，也将延续永久。“自古及今，其名不去，以阅众甫。”（《老子》二十一章）

“同出而异名”的二象性观念是人类认知事物的总体路线，这也是量子力学的波粒二象性和互补原理释义为“哲学展开形式”的鲜明表述。看待阶级划分、权利差异等，都离不开这一基本原则。“二象性”原则提醒我们观察世界不要离开“内在世界”，“知其白，守其黑，为天下式”。要相信生命既平常又神奇，如此观照内在世界，佛家也称“中观”。

《易经》讲的“以通神明之德，以类万物之情”也是指生命的内在世界。内在世界可以用量子状态比喻，刹那间可与宇宙万物纠缠交流，实现“互补原理”；也可以与外在世界相互转化，是形而上与形而下的转化。

作者所讲的人类历史事件都是外在世界的现象，所依据的生物学知识（比如基因）也是外在实验的一个阶段性的结果，距离“深矣远矣，与物反矣”的“玄德”还有很远的差别。

人类智慧的前沿成果——量子力学和相对论，是哲学的展开形式，是对圣哲经典通透现代的诠释。因此，“量子诠释”超越基因生物学，以新的视野体验圣哲经典，观照人类历史，可顺应“圣人之道”“天之道”。

作者认为阶级是“人类想象的产品”，这就切断了人类的来龙去脉。圣哲经典告诉我们，人类自身以及人类社会都是二象存在的，产生差别和消除差别贯穿人类社会的始终。“天之道，损有余而补不足；人之道则不然，损不足以奉有余。”人类社会的阶级划分是指财物和权力上的差别，是自然的发展和自然的损补过程，“损之又损，以至于无为，无为而无不为”。没有差别，不成其为宇宙；没有差别，也不成其为社会人生。量子的互补，提升了量子的层级；人类的损补推进了人类的进化。阶级存在的历史也是促进人道向天道融合的历史，“万物负阴而抱阳，冲气以为和”。

用“想象”来表述人类各种差异的根由，既不符合人类本来的生发基础，又对人类的思考无益。

三、人类的融合统一

1. 历史的方向

农业革命之后，人类社会规模变得更大、更复杂，而维系社会秩序的虚构故事也更为细致完整。人类几乎从出生到死亡都被种种虚构的故事和概念围绕，想特定的东西，遵守特定的规范。就是这样让数百万计的陌生人能遵照着这种人造而非天生的直觉，合作无间。这种人造的直觉就是“文化”。

【评述】

作者把人类文化的形成看成是“虚构故事”。没有伟大源头，没有雄厚根基，人类也是无依无靠的人类。我们强调人类历史的总体路线是“尊道贵德”，与宇宙并行。“道者，万物之奥。善人之宝，不善人之所保。”“道生之，德畜之，物形之，势成之；是以万物莫不尊道而贵德。”人类故事是“道德”故事，源于生命的核心存在，绝非是虚构的故事。

虽然每种文化都有代表性的信仰、规范和价值，但会不断流动改变。文化内部也会自己形成一股改变的动力。

这些是人类自己想象创造出来的秩序，内部就会有各式各样的矛盾。文化一直想弭平这些矛盾，因此就会促成改变。

例如，自从法国大革命之后，全球人民逐渐同意“自由”和“平等”都是自己基本的价值观。然而这两者根本就互相抵触。想要确保“平等”，就得限制住那些较突出的人；而要人人都能“自由”，也就必然影响所有人的平等。

就算到了美国，政治还是摆脱不了这种矛盾。民主党人希望社会更加平等，就算为了协助老弱病残必须增税也在所不惜。这一来就违反了民众支配收入的自由。另一方面共和党人希望人人都享有最大的自由，就算加大贫富差距，许多人将无力负担健康保险也在所不惜。但这样一来，平等也就成为空谈。

正如中世纪无法解决骑士精神和基督教的矛盾，现代社会也无法解决自由和平等的冲突。但这也不是什么缺点，像这样的矛盾，本来就是每个人类文化无法避免的，甚至还可以说是文化的引擎，为人类带来创意，提供动力。就像两个不和谐音可以让音乐往前进，人类不同的想法、概念和价值观也能逼着我们思考、批评、重新评价。一切要求一致，反而让心灵呆滞。

如果说每种文化都需要有些紧张、有点冲突、有无法解决的两难，才能让文化更加精彩，那么身处任何文化中的人就都必然有些互相冲突的信念以及互相格格不入的价值观。对此，有个名词来形容：认知失调。这是人类心理一项重要特性，如果人真的无法同时拥有相互抵触的信念和价值观，很可能所有文化都将无从建立，也无以为继。

历史有个大方向吗？答案是肯定的。就像蒙古帝国，虽然曾经雄霸亚洲甚至还征服了部分欧洲，但最后还是分崩离析。又像基督教，虽然信众数以亿计，但也分裂成无数教派。拉丁文也是如此，虽然一度流通中西欧，最后还是转化成各种当地方言，演化出各国语言，然而合久必分、分久必合才是不变的大趋势。

想观察历史的方向，重点在于要用哪种高度。如果是普通的鸟瞰高度，看着几十年或几世纪的发展方向，可能还很难判断历史趋势究竟是分是合。要看更长期整体的趋势，必须拉高到类似太空间谍卫星的高度，看的不是几世纪，而是几千年的高度。这种高度能让我们一目了然，知道历史趋势就是走向分久必合。至于前面基督教分裂或蒙古帝国崩溃的例子，就像是历史大道上的小小颠簸罢了。

【评述】

作者这一段写得最为精彩，符合大道，是人类进步的大方向——分久必合。

作者讲到观察历史方向要有足够的“鸟瞰高度”，要拉高到“太空间谍卫星的高度”。“间谍卫星”是一个外在世界的高度观察人类的历史，更关键的在于内在世界的高度，那就是圣哲的宇宙观与生命观。并且，圣哲的宇宙观、生命观是由“量子诠释”来表述的观察方向和效果。比如，“万物负阴而抱阳，冲气以为和”“道大，天大，地大，人亦大”，就是观察人类历史方向的主体路线。人类历史就是人道与天道合一的过程，是“无为自然”的运行体系，并非想象与虚构。

“自由”与“平等”是哲学概念，也是当今世界的主要社会问题。我们应该放到“自然无为”的总体原则上考虑，放在“宇宙互补定律”的天平上衡量。为了生存与发展，自“三生万物”之始，人类就“有为”“有欲”“有争”“有使命”，这是平等的、自由的。但是，宇宙万物个体的自由，比如“有为”的自由，往往趋向于“过分”，为了维系全局和整体的秩序，则以“无为”否定过分“有为”。“天之道，损有余而补不足。”“损之又损，以至于无为，无为而无不为。”“自由”“平等”的矛盾存在是宇宙自控体系的存在，是“自然”的损补过程。宇宙的“损补定律”是人类历史进步的规律，由此步入“众妙之门”。

在认知革命开始后，智人在这方面就和其他动物大不一样。和完全陌生的人合作成了家常便饭，而且还可能觉得这些人就像是兄弟或是朋友。只不过，这种兄弟情也有限度。可能只要过了隔壁山谷或是出了这座山，外面的人就还是“他们”。

公元前的一千年间，出现了三种有可能达到全球一家概念的秩序，相信这些秩序，就有可能相信全球的人类都“在一起”，都由同一套规则管辖，让所有人类都成了“我们”（至少有这个可能），“他们”也就不复存在。

这三种全球秩序是：第一种是经济上的货币秩序；第二种是政治上的帝国秩序；而第三种则是宗教上的全球性宗教，像是佛教、基督教和伊斯兰教。

【评述】

作者想要说的是人类的兄弟情义和命运共同的理想，他归结为三种秩序：货币秩序、帝国秩序、全球性宗教。

这个问题要从原本上讲，方能提升人们的自觉性。从人类起源之始，就具备了和宇宙同等之大的宇宙情怀——“生而不有，为而不恃，长而不宰”，就具备了“人亦大”的道德品格——“慈，俭，不敢为天下先”。人类的“性本善”是在进化过程中与时俱进展开的，到了 21 世纪将以“天人合一”“命运共同”的形式展开一个新的秩序。历史不能忘记本来，天下和谐是人类的终极目的。

外在世界显现的是货币、帝国、宗教的形式秩序，而内在世界运行的是宇宙情怀，这是纲领，是引领者，是人类历史的方向和主流，二者“同出而异名”，“玄之又玄，众妙之门”。量子时代，我们可观察粒子的二象性，事物的波性在牛顿经典力学时代是被忽略的，而今则起到主导性作用。量子的神奇状态表述出人类内在世界的特征，启示着生命的意义和历史价值。

2. 金钱的价格

金钱制度有两大原则：一是万物可换。钱就像是炼金术，可以让你把土地转为手下的忠诚，把正义转为健康，把暴力转为知识。二是万众相信。有了金钱作为媒介，任何两个人都能合作各种计划。然而，这些看似无害的原则，还是有黑暗的一面。

等到钱的渗透冲垮了社会、宗教和国家所筑成的大坝，世界就成了巨大而无情的市场。

说到人类终将统一，绝不只是纯经济的过程。虽然黄金和白银影响深远，但也别低估了刀剑的力量。

【评述】

我们只做一点说明：金钱只在外在世界有巨大的价值，内在世界没有金钱，有的是终极之道。哲学在金钱之上，“自然”调控着金钱的生灭与多少。“金玉满堂，莫之能守；富贵而骄，自遗其咎。”“天之道，损有余而补不足。”

3. 帝国的愿景

历史就是没有正义。多数过去的文化，早晚都遭到了某些无情帝国军队的蹂躏，最后在历史上彻底遭到遗忘。就算是帝国本身最后也将崩溃，只是常常留下丰富而流传千古的遗产。

帝国是什么？帝国是一种政治秩序，有两项重要特征。第一，帝国必须统治着许多不同的民族，各自拥有不同的文化和独立的领土。第二，帝国的特征是疆域可以灵活调整，而且可以几乎无限扩张。比如英国，一个世纪前，全世界几乎任何地方都有可能成为大英帝国的一部分。

像这样的文化多元性和疆界灵活性，不仅让帝国能够独树一格，更让帝国站到了历史的核心，让越来越多的人类与整个地球逐渐融合为一。

并不是一定要有军事征服才能有帝国，像雅典帝国的起源就只是一群人自愿结成联盟，哈布斯坦帝国则是因为许多精心安排的联姻，交织形成如蛛网般的关系。此外，帝国也不一定要求有个专制的皇帝。像是史上规模最大的大英帝国，就属于民主政体。其他采用民主（或至少是共和）政体的帝国，还包括现代的荷兰、法国、比利时和美国，以及前现代的诺夫哥罗德、古罗马、迦太基和雅典。

帝国正是造成民族多样性大幅减少的主因之一。帝国就像压路机，将许多民族独特的多样性逐渐夯平（例如努曼西亚人），整合制造出他们更大的新群体。

帝国是否邪恶？对于帝国的批评通常有两种。一是帝国制度就是行不通。长远来看，征服许多不同的民族，统治起来一定难有效率。二是就算能够有效统治，这种做法也不道德，因为帝国正是造成各种毁灭和剥削的邪恶引擎。每个民族都有自决的权利，不该受到其他民族控制。

从历史的角度看，以上第一点完全没道理，第二点也满是问题。

就事实而言，帝国在过去的两千五百年间一直就是全球最常见的政治形式，大多数人在这段时间都是活在帝国政体之下。此外，帝国政体其实非常稳定。帝国之所以会倾覆，通常是因为有外部侵略或是内部统治精英的内斗。很多时候，某个帝国崩溃了，并不代表属民就能独立，往往是由新的帝国取而代之继续统治。

有些帝国自认为“统治全世界，为所有人类福祉而努力”，展现的是包容。这种新的帝国思想从普鲁士和波斯人传给了亚历山大大帝，再传给希腊国王、古罗马皇帝、穆斯林哈里发、印度君主，最后甚至还传给苏联总理和美国总统。除了波斯帝国外，世界其他地区也各自独立发展出了类似的帝国思想，特别是在中美洲、安第斯地区以及中国。根据中国传统的政治理论，人间的种种政治权威都来自“天”。老天会挑选最优秀的个人或家族，赋予“天命”，让他们统治天下，为黎民百姓谋福利。这样说来，所谓君权就能够行遍天下。天命只能传给一个人，所以也不能同时有许多个国家存在。秦始皇完成了史上第一次中国统一大业，号称“六合之内，皇帝之土……莫不受德，各安其宇”，于是，不论在中国政治思想或是历史记忆当中，帝国时期似乎都成了秩序和正义的黄金时代。现代西方认为所谓公义的世界应该是由独立的民族国家组成，和古代中国的概念却正好相反，认为政治分裂的时代不仅动荡不安，而且公义不行。中国各方势力都追求统一，最后总能统一。

我们很容易想把所有人简单分成好人和坏人，而所有帝国大概都会被归为坏人。毕竟，几乎所有帝国大概都是建立在鲜血之上，并且通过压制和战争来维持权力。然而，现今的文化大多数都是帝国的遗绪。如果帝国从定义上就是个坏东西，那我们又成了什么？地球上现存的已经没有任何所谓纯净的文化。现有的所有人类文化，至少都有一部分是帝国和帝国文明的遗绪。以印度为例，虽然英国人杀害、伤害、迫害了印度人，但也是英国人统一了原本错综复杂互相交战的王国、公国和部落，建立起共同的民族意识，并形成单一政治实体运作的国家。印度独立后也是以英国为代表的西方民主制度为其政府形式。直到现在，英语仍是印度大陆的通用语言。

历史无法简单分成好人与坏人两种。

自公元前 200 年左右，大多数人都已经活在各大帝国之中。看来，未来很可能所有人类都活在单一的帝国之下，而且这会是个真正的全球性帝国。统一全球这件事，很可能已经离我们不远。

【评述】

作者讲帝国也是讲人类的优秀历史，意义深远。圣哲的《道德经》讲的是“大国”与“小国”的关系，是道的运行过程。《老子》六十一章：“大国者下流。天下之交，天下之牝。牝常以静胜牡，以静为下。故大国以下小国，则取小国；小国以下大国，则取大国。故或下以取，或下而取。大国不过欲兼畜人，小国不过欲入事人。夫两者各得其所欲，大者宜为下。”我们的译文如下：

大国有如大湖深泽，是天下水流交汇之地，是天下的低凹之处。低凹处之水是以其平静深沉才成为大湖深泽。所以，大国如能像大湖深泽那样谦下容纳，就会征服小国；如果小国能像大湖深泽那样谦下容纳大国，就会征服大国。因而，不是谦下容纳以征服别人，就是被别人谦下容纳而征服。大国的目的不过是兼容扩充实力，小国的目的不过是想归顺大国做好人事。若要使二者各得其所，大国就该像大湖深泽那样谦下容纳。

老子所言的“大国”也类似“帝国”，但是中国的“帝国”与西方的“帝国”有一个很大的不同，那就是西方的“帝国”都是衰落之后就彻底消沉，就像一面宝镜破碎了，不会破镜重圆。如罗马帝国、亚历山大帝国、拜占庭帝国、阿拉伯帝国、奥斯曼帝国以及大英帝国等，个个都曾强悍无比，但是这些强大帝国灰飞烟灭之后都很难再崛起。眼前最明显的例子是大英帝国，曾经是日不落帝国，现在日益衰落，都快被自己以前的殖民地所超过了。中国衰弱后会不断地崛起和复兴，循环往复地前进。近一百年来中国衰弱过，而现在又在重新复兴，并且是超越式的伟大复兴。这在世界范围内是独一无二的，应是世界的典范。原因在于中华民族“尊道贵德”的文明根基，“治大国若烹小鲜。以道莅天下，其鬼不神”。

4. 宗教的法则

在金钱和帝国之外，宗教正是第三种让人类统一的力量。正因为所有的社会秩序和阶级都只是想象的产物，所以它们也十分脆弱，而且社会规模越大也就越脆弱。而在历史上，宗教的重要性就在于让这些脆弱的架构有了超人类的合法性。有了宗教之后，就能说法律并不只是人类自己的设计和想象，而是来自一种绝对神圣的最高权柄。我们可以说宗教是一种人类规范及价值观的系统，建立在超人类的秩序上。这里有两大基本要素：

（1）宗教认为世界有一种超人类秩序，而且并非出于人类的想象或者协议。

（2）以这种超人类的秩序为基础，宗教会发展出它认为具有约束力的规范和价值观。

基督教大致上是信奉一神论的上帝，相信二神论的魔鬼，崇拜多神论的圣人，还相信泛神论的鬼魂。像这样同时有着不同甚至矛盾的思想，宗教学上有一个特别的名称：综摄。很有可能，综摄才是全球最大的单一宗教。

世界宗教史并不只是神的历史。在公元前 1000 年，亚非大陆开始出现全新的宗教及信仰类型，包括印度的耆那教和佛教，中国的道教和儒教以及地中海的犬儒主义和享乐主义，共同的特征就是崇拜的并非神祇。这些信仰也认为有某种超人类秩序控制着这个世界，但崇拜的秩序是自然法则，而不是什么神圣的意志。这些自然法则的宗教信仰虽然有些也相信神祇存在，但认为神祇就和人类、动物、植物一样会受到自然法则的限制。

释迦牟尼认为一切苦难并非来自厄运、社会不公或是神祇的任性，而是出于每个人自己心中的思想模式。

现在典型的美国人也能既是民族主义者（相信有美国民族存在，而且相信它在历史上有重要作用），又是自由市场资本主义者（相信社会繁荣的最佳方案就是公开竞争，追求自我利益），还是个自由人文主义者（相信造物主赐给人类若干不可剥夺的权利）。

人文主义对“人性”的定义，大致上分为三种对立的教派。今天最重要的人文主义学派就是自由人文主义。它认为人性在于每个人的自我特质，因此个人自由也就变得神圣不可侵犯。根据这些自由主义的说法，每个智人都有着神圣的本质，正是每个人的内心让世界有了意义，而且这也是各种道德及政治正当性的来源。如果碰到道德或政治上的困境，就该内省，听听自己内心的声音，也就是人性的声音。因此，自由人文主义最重要的诫命就是要保障这种“内心声音”的自由，不受外界的侵扰或伤害。而这些诫命统称为“人权”。

人文主义的另一个重要教派就是社会人文主义，社会主义者认为所谓“人性”是个集体而非个人的概念。

纳粹顺着达尔文的逻辑，认为必须要通过自然选择淘汰不适合的个人，只留下适者，才能让人类继续生存繁殖。一本 1942 年的生物课本，就有一章“自然和人类的法则”，认为自然界的最高法则就是让所有生物都必须在无情的斗争中求生存，讲到植物如何为了土地而奋斗，甲虫如何为了交配而奋斗。最后课本的结论是：这场生存之战艰辛而无情，但这是让生命延续的唯一道路。这场斗争能够消除一切不适合生存者，并挑选出适合生存的……这些自然法则不容置疑，目前还存活的生物就是证明。这些生物冷酷无情，抵抗者就会遭到消灭。生物学不只告诉我们关于植物的事情，还告诉我们生活必须遵守的法则，要坚定我们的志向，依照这些法则生存下去、抵抗下去。生命的意义，就是斗争。对抗这些法则，则终必致祸。

到了今天，这种想法已经死灰复燃。虽然已经没有人说要淘汰劣等种族或民族，但许多人正思考着如何利用更先进的生物学知识来创造完美的人类。

科学家研究人类内部有机体运作，并没有找到灵魂的存在。他们认为决定人类行为的并不是什么自由意志，而是荷尔蒙、基因和神经突触。

【评述】

作者把历史文化现象说成是宗教的影响，这混淆了人类的文明方向和文化主流。还是按照公认的哲学与宗教的定义来表述文化现象。比如中国，主要的文脉是儒家、道家、佛家，大道文化是统领性的，即使是外来文化也要融化在根本文脉上，永远是“执大象，天下往”。儒家不是儒教，而是主导性文化。道家生发了道教，道教奉老子为教主，秉持老子《道德经》为教典，弘扬的是“道法自然”“天人合一”的哲学思想。以东方哲学的宇宙观和生命观来看待宗教，哲学在宗教之上，哲学指的是“大道”。《老子》第四章讲，道，“象帝之先”。人类文明的路线是“天之道”“圣人之道”，宗教的源头是圣哲思想。

我们强调的是，不要把所有的有鲜明作用的文化现象都说成是宗教，宗教只是人类文明历史的一种现象，还有比它更高明、更长久的存在。

作者举达尔文与纳粹的例子，“物竞天择”“优胜劣汰”的进化论影响过历史，而今不必过多宣扬。

“物竞天择，适者生存”，这是动物界的局部现象，不适用于人类社会。人类社会的基本原则是为而不争，命运共同，“天之道，利而不害；圣人之道，为而不争”。人生都是有为的，这是为了生存与发展。但是，有为、竞争要“利而不害”，要合于“天之道”，这是一个“自然无为”的过程，人性的自觉趋于至善。

5. 成功的秘密

商业帝国和全球性的宗教，最后终于将几乎每个智人都纳入了我们今天的全球世界。纵观大局，可以看到从许多小文化到少数大文化再到最后的全球单一文化，应该是人类历史无法避免的结果。

虽然我们无法解释历史做出的选择，但有一点可以确定：历史的选择绝不是为了人类的利益。毫无证据显示人类的福祉必然提升。没有任何证据证明对人类有益的文化就会成功扩张，而对人类无情的文化就会消失。至于文化，其实也是以这种方式寄生在人类的心中。它们从一个宿主传播到另一个宿主，有时候让宿主变得衰弱，有时候甚至让宿主丧命。任何一个文化概念(像是基督教在天上的天堂)，都可能让某个人毕生致力于传播这种想法，甚至为此牺牲生命。于是，人类死亡了，但想法持续传播。根据这种说法，文化并不是某些人为了剥削他人而设计出的阴谋，而是因为种种机缘巧合所出现的心理寄生虫，从出现之后就开始剥削所有受到感染的人。

这种说法有时被称为“迷因学”。迷因学假设，就像是生物演化是基于“基因”这种有机信息单位的复制，文化演化则是基于“迷因”这种文化信息单位的复制。而所谓成功的文化，就是特别善于复制其迷因，而丝毫不论这对于其人类宿主的成本或利益。

多数人文学者看不起迷因学，认为这只是非专业人士用了一个粗糙的生物学模拟，试图解释文化的进程。然而，同样是这批人文学者却有许多人拥抱了迷因学的双胞胎兄弟：后现代主义。对后现代主义思想家来说，文化的基石不是迷因，而是“适语”。只是他们也同意，文化传播时并不考虑人类的利益。例如，后现代主义思想家将民族主义形容成一种致命的瘟疫，于 19 世纪到 20 世纪在全世界流传，引起战争、压迫、仇恨和种族灭绝。只要有某个国家的人受到感染，邻国的人就也有可能感染这种病毒。虽然民族主义病毒让自己看起来对全人类有利，但其实主要还是对自身有利。

【评述】

因为作者没有立足于“天之道”“圣人之道”的立场上书写历史，因此看不到历史的互补性与同一性，更重要的没有认清是什么引领历史。

人类历史是“道大，人亦大”的历史，是人类与宇宙并行的历史，是“天人合一”的进化过程，是人性原本之善自然展开与发挥的历史。

作者把文化比喻成寄生虫或“迷因”的传染，脱离了文化的宗旨。当今世界要厘清什么是主流文化和主导文化。比如对于中国而言，圣贤文化是主流文化，圣人文化是主导文化，大道哲学是纲领性的引领者。中华民族的伟大复兴，其主流文化必定成为世界的主导文化。这是历史的必然。

金钱、帝国和宗教对于人类历史并非起决定性作用，起决定性作用的在于内在世界的生存理念，是“道隐无名”的玄德世界，是“轴心时代”的哲学概念。大道哲学的原本性概念有决定性的意义，不相信大道的存在就看不明白人类伟大而光荣的历史，也就否定了自己。

做历史学问，要本着做学问的基本原则，这就是张载所说的：“为天地立心，为生民立命，为往圣继绝学，为万世开太平。”大道哲学是关于天道与人道的学问，是一切学问的纲领，也是做历史学问的纲领。作者看待历史的观点，缺乏这样的纲领，因此繁杂而不得要领。

四、科学革命

1. 科学与帝国的联姻

到了19世纪30年代，一位名叫亨利·罗林森的英国军官被派往波斯，要协助波斯以欧洲的方式来训练军队。在扎格罗斯山脉的一处悬崖，他发现了巨大的贝希斯敦铭文。这是公元前500年由波斯国王大流士一世下令刻在悬崖上的，而且分别使用了三种楔形文字：古波斯语、埃兰语和巴比伦语。最后他破译了古波斯语碑文，由此他也掌握了解码埃兰语和巴比伦语的部分关键。于是，这一扇门终于敞开了。

另一位重要的帝国主义学者是威廉·琼斯。他在1783年9月抵达印度，担任孟加拉地区最高法院的法官，从此对印度深深着迷，不到半年就成立了亚洲学会。这个学术组织致力于研究亚洲的文化、历史和社会，其中又特别以印度为重。在两年后，琼斯发表了他对梵文的观察，成为现代比较语言学学科的奠基之作。

梵文是一种古老的印度语言，后来成为印度教神圣仪式中所用的语言。但琼斯指出，梵语竟然和希腊文、拉丁文有惊人的相似之处，而且这些语言也都和哥特语、凯尔特语、古波斯语、德语、法语和英语有相似之处。例如梵文的“母亲”是“matar”，而古凯尔特语则是“mathir”。据琼斯推测，所有这些语言一开始必定有共同的来源，那是个古老而已经被遗忘的语言祖先。就这样，他是第一个发现后来被称为“印欧语系”这套体系的人。

琼斯的研究之所以重要，除了是因为他提出了一项大胆(而且正确)的假设，也是因为他发展出了一套能够系统化比较语言的过程。其他学者也采用了这套研究方法，于是就能开始系统化研究世界上所有的语言发展。

语言学这门学科得到帝国的热烈支持。欧洲帝国相信，为了让统治更有效，就必须了解这些属民的语言和文化。

有了威廉·琼斯和亨利·罗林森等人的研究后，欧洲征服者对于帝国的情形了如指掌，不仅超过以往所有征服者，甚至连当地民众都自叹弗如。而更多知识也带来了明显的实际利益。印度人口有数亿之多，而英国在印度的人数相较之下少得荒谬；要不是因为他们所拥有的知识，英国不可能得以掌握、压迫和剥削这么多印度人达两个世纪之久。从整个 19 世纪到 20 世纪初，靠着不到五千人的英国官员、大约四万到七万个英国士兵，可能再加上大约十万个英国商人、帮佣、妻小等等，英国就征服并统治了全印度大约三亿人口。

然而，科学也被帝国主义者用于某些邪恶的用途。不论生物学家、人类学家，甚至语言学家都提出了某些科学证据，证明欧洲人优于其他所有民族，因而有权力(或许也是责任)统治他人。自从威廉·琼斯提出所有印欧语言同源同宗，来自某一个特定的远古语言，学者前赴后继，都渴望找出究竟是谁曾经说着这种语言。他们注意到，最早的梵语母语民族是在大约三千年前从中亚入侵印度的一支，他们自称为“雅利亚”(Arya)。而最早的波斯语母语者则自称为“艾利亚”(Airiia)。于是欧洲学者推测，这些讲着梵语和波斯语(以及希腊语、拉丁语、哥特语、凯尔特语)原始语言的人，一定是某种“雅利安人”(Aryan)。

接下来，英、法、德各国学者开始把对雅利安人的语言学理论与达尔文的自然选择理论结合，认为所谓“雅利安人”不只是语言族群，而是某种生物族群，也就是一个种族。而且，这可不是什么随随便便的种族，而是一个上等种族，他们身材高大，金发碧眼，工作勤奋而且极度理性。他们就这样从北方的迷雾中走出来，奠定了全世界文化的基础。但遗憾的是，入侵印度和波斯的雅利安人开始与当地原住民通婚，于是不再有白皙的肤色与金发，也失去了理性和勤奋。于是，印度和波斯的文明每况愈下。但在欧洲可就不同了，雅利安人还是维持着纯洁无污染的种族特性。正因如此，欧洲人必须要征服世界，而且他们最适合做世界的统治者；不过可得小心，别遭到其他劣等种族混血污染。

在几十年间，这种种族主义理论曾经甚嚣尘上，但现在已经成了科学家和政治家不敢再提的诅咒禁忌话题。虽然我们还是英勇地抵抗着科学家为帝国提供各种实用知识、思想基础和科技工具，但要是没有他们，欧洲人能否征服世界实在仍是未定之数。

显然，这还不是故事的全貌。除了帝国之外，还有其他因素支持着科学的发展。而且，欧洲各个帝国能够蓬勃兴盛，原因也不仅仅是科学而已。不论是科学还是帝国，它们能够迅速崛起，背后都还潜藏着一股特别重要的力量：资本主义。要不是因为商人想赚钱，哥伦布就不会抵达美洲，库克船长就不会抵达澳大利亚，阿姆斯特朗也就没办法在月球上跨出他那重要的一小步。

【评述】

历史现象是明摆着的存在，罗列这些事件的意义，在于给予符合历史方向或规律的判断，否则依然是不清晰的历史。作者对于从语言到雅利安人的描述，没有说明是“利”还是“害”。

欧洲人是否是从雅利安人的语言学和达尔文主义那里形成侵略性的民族主义，这也不是定论。应从种族的来源来看待种族的生存与发展路线。首先应确认，人类种族不是从猿猴类进化而来。圣哲告诉我们，人类种族是由宇宙本体生发而来，不同的种族具备独立而不改的生命核心存在，“自古及今，其名不去”。

种族与种族之间是并行的，有差异，但不能以优劣判断。“万物并作，各复归其根。归根曰静，是谓复命。”每个生命和每个民族的存在都是在履行宇宙的使命，外在世界的生灭过程就是完成使命的过程，“出生入死”，循环往复。宇宙人生之所以伟大，是使命伟大，也是种族存在的意义所在。

欧洲人殖民全世界那么多年，是违背宇宙规律和圣哲经典的，“天之道，利而不害；圣人之道，为而不争”。中国人郑和七次下西洋通达世界，率领无与伦比的强大舰队，是“利而不害”的交流互补，倡导万邦和谐的大道。对此，西方民族应该自责、自化。其实，西方的“上等种族”观念违背了西方自己先哲的教诲：自知、勿过。

关于语言与种族，关键在于认清其源头。达尔文的观点认为人类是由低级的猴子进化而来，所以就推断人类语言是从猴子以后的生存环境产生的，这贬低了人类生存的意义。语言潜隐在生命的核心存在中。“三生万物”之始，语言就与种族一起生存与发展。“行不言之教”（《老子》二章），就是原本语言的教化。人类的语言如同鸟类语言一样，是原本语言，是生命核心存在的功能与发挥。圣哲的经典语言具有“三生万物”的原本生机，与时俱进，生发引领时代的思想与文字。

2. 资本主义的地狱

1908 年以后，特别是 1945 年以后，部分出于对共产主义的恐惧，资本主义的贪婪稍微受到控制。

资本主义已经把这个世界塑造成资本主义的样子，现在也只有资本主义能让它继续运行下去。唯一一个足以和资本主义相抗衡的，就只有共产主义。

然而，这块经济大饼真的能无限制变大吗？每块饼都需要原材料和能源。但早有先知预言警告，迟早智人会耗尽地球上所有的原料和能源。这会在什么时候发生？

【评述】

本章作者主要谈资本主义，谈历史，谈本质，谈优劣，但是没有谈未来的走向。后者是观察历史的要点。

如何看待和判断资本主义，尽管存在许多不同的观点，但应该树立一个依据，那就是：是什么引领世界前行的方向？我们反复强调的是："轴心时代"以降，哲学引领世界；牛顿力学时代，西方哲学引领；量子时代，东方哲学引领。

资本主义是在西方哲学的引领下产生与发展起来的人类进化的模式和场景。人类智慧的展开与发挥，外在物质世界创造性的丰富成果，标志着人类的进步与发展。然而，资本主义的"有为"往往趋向于过分，要自觉地以"无为自然"来否定，如此方能"天长地久"地存在。这也是西方先哲所言的"自知、勿过"的道理。西方哲学引领人类认知外在世界，提出

“自由”“平等”的概念，包括以牛顿力学为代表的科学都是西方哲学的展开形式，如此综合性的文化产生了资本主义体系。东方圣哲老子言：“天之道，损有余而补不足；人之道则不然，损不足以奉有余。”目前的资本主义是“人之道”，有为过分，应该步入“天之道”——损有余而补不足，这是“自然”的转化。这种转化不在于金钱、帝国、科学、宗教，在于人类“尊道贵德”的自觉自知，“道大，人亦大”。

3. 永远的革命

大多数人看不到这个年代究竟有多么和平。我们毕竟都没真正看过一千年前的模样，所以很容易忘记过去的世界其实更加残暴。而且，因为战争变成少见的事，也让战争吸引了更多关注。许多人紧盯着阿富汗和伊拉克战争肆虐，但没什么人特别想到巴西和印度一片安详。

更重要的是，我们比较容易体会个人的辛酸，而不是人类整体的苦难。但为了从宏观角度来看历史进程，我们需要看整体统计数据，而不只是看个人的故事而已。在公元 2000 年，全球战争造成 31 万人丧生，而暴力犯罪造成 52 万人死亡。当然，对每一个受害者来说这都是世界的毁灭，家破人亡，朋友和亲戚悲恸欲绝。但从宏观的角度来看，在 2000 年总共 83 万的死亡者只占了全球 5600 万总死亡人数的 1.5%。在同样一年，车祸死亡的人数达到 126 万(占总死亡人数的 2.25%)，自杀人数达 81.5 万(占总死亡人数的 1.45%)。

2002 年的数字更夸张，在 5700 万死亡人口中，只有 17.2 万人死于战争，56.9 万人死于暴力犯罪(也就是共 74.1 万人死于人类暴力)。相较之下，该年自杀的人数就有 87 万。所以我们看到，在“9·11”恐怖袭击后的一年，虽然恐怖主义和战争喊得震天价响，但说到某个人被恐怖分子、士兵或毒贩刺杀的可能，其实还比不上自杀的可能。所以，现在有四大因素形成了一个良性循环。核子末日的威胁促进了和平主义；和平主义大行其道，于是战争退散，贸易兴旺；贸易成长，也就让和平的利润更高，而战争的成本也更高。随着时间过去，这个良性循环也就对战争造成另一个阻碍，而且可能最后看来会是最重要的阻碍：因为国际网络日渐紧密，使得多数国家无法再维持全然独立，所以其中任何一国片面宣战的机会也就大幅降低。大多数国家之所以不再发动全面战争的原因很简单，就是因为他们已经不再能够完全独立行事。虽然不管是在以色列、意大利、墨西哥或泰国，人民可能还是以为自己是个独立的国家，但其实任何经济或外交政策都不可能自外于他国，全面性的战争也不可能独自发动。正如我们在第十一章所提，现在正面临着全球帝国的形成。而这个帝国与之前的帝国也十分类似，会努力维持其疆域内的和平。正因为全球帝国的疆域就是全世界，所以世界为了让乐观主义者和悲观主义者都能满意，或许可以说我们正在天堂和地狱的岔路口，而我们还不知道自己会朝向哪一个方向。历史还没告诉我们该挑哪边，而只要发生某些巧合，往哪边走都不算意外。

【评述】

作者谈论战争、暴力与死亡，谈论“核子的末日促进了和平”，但是最后仍然不知道历史会朝哪个方向前进。对于这个问题，不能以事论事，应该有一个原本性的理念来统领才能一以贯之，变不确定性为确定性。下面摘录《老子哲学体系纲要》的一个段落：

万物各有各的形势，千差万别的宇宙网络也各有各的形势，这就是“万物负阴而抱阳”如诗如画的变幻形势。道的总体形势是“冲气以为和”，万物的变化形势都要在道的大形势下和谐统一，变化形势与形势和谐的统一是“玄之又玄”的大美呈现过程，是宇宙的演化运行。老子哲学把宇宙间所有的能与力都归属于“三场”，即“阴场”“阳场”和“冲气场”。“三场”决定着万物的演化形势，也维系着整体和全局的形势。科学家们体验到，最美的公式和定理都是简练而丰富的，当然也都是老子哲学画卷的展开。《老子》第四十二章讲的“万物负阴而抱阳，冲气以为和”仅仅十二个字，但它容纳了能与力的一切形势。无论是生物界还是非生物界，无论是星体还是粒子，无论是认识到的能与力，比如引力、电磁力、强力、弱力等，还是没有认识到的能与力，都可以统一在“三场”之中。“三场”论是无与伦比的简练，又是无与伦比的丰厚，开启了人类探索宇宙大统一论的智慧。目前人们关注的宇宙膨胀问题，实际上是我们观察到的宇宙的生长过程，就如同婴儿向成人的生长过程一样，躯体在膨胀。向外的力量称之为“阳场”，眼下占有优势，因此我们感觉星体离我而去。但是这个趋势不是无限度的，“冲气场”具有“高者抑之，下者举之”的功能，促使“阴场”与“阳场”达到和谐状态，完成宇宙之“玄”的目的性。因此，不用担心“宇宙膨胀下去怎么办”“宇宙塌陷怎么办”，《老子》的美妙画卷中没有那样糟糕的图景。

宇宙万物具有相对性的形势，《易》讲“一阴一阳谓之道”，《老子》讲“万物负阴而抱阳”。《老子》第二章中首先讲“阴场”“阳场”的表现形式，比如有与无、难与易、长与短、高与下、音与声、前与后等，都是社会人生常见的事态。这些相对性的形势呈现此消彼长、相反相成的变化程序。“阴场”“阳场”永无穷尽的变化程序，才使得万物多姿多态，天趣洋溢，活力粲然。

“常无，欲以观其妙；常有，欲以观其徼。此二者，同出而异名，同谓之玄。

“故有无相生，难易相成，长短相较，高下相倾，音声相和，前后相随，是以圣人处无为之事，行不言之教，万物作焉而不辞，生而不有，为而不恃，功成而弗居。夫唯弗居，是以不去。

“物壮则老，是谓不道，不道早已。”

然而“阴场”“阳场”是“同出而异名”，虽然是事物的两个不同方面，却具有同一性，在“冲气场”的作用下呈现和谐的进步，如此二而一、一而二的“玄之又玄”的形势，产生旺盛的创造之力，推演大化流行的境界。个体是如此，群体是如此，太阳系是如此，道德网络莫不如此。“三场”造就宇宙形势。

万物有善的形势，也有不善的形势，遵循“无为自然”的道德原则，其形势则善，否则为不善。《老子》讲“夫唯弗居，是以不去”，是指“阴场”“阳场”虽然变化万端，但不要过分，过分了就会走向善的反面，就会影响全局的和谐，就会受到“冲气场”的否定。不善的形势不会长久，这也是宇宙的定律。如果事物处于强盛时期就衰老了，那是因为不符合善的形势，不是善的形势就会提早消亡，“物壮则老”。

4. 从此过着幸福快乐的日子

历史学家很少问这样的问题。他们不去讨论秦朝人是不是比先前采集为生的人更快乐，伊斯兰兴起后，埃及人是不是对生活更满意，也不讨论欧洲帝国在非洲崩溃之后，数百万非洲人的幸福受到什么影响。然而，这些可以说是最重要的历史问题。目前大多数的意识形态和政治纲领，虽然都说要追求人类幸福，但对于幸福快乐的真正来源为何却还是不明就里。民族主义者会说政治自决能够带来快乐。共产主义者会说无产阶级专政能够带来快乐。资本主义者会说自由市场能够创造经济成长，能够教导人类自立自强、积极进取，所以能够为最多人带来最大的快乐。

近几十年来，心理学家和生物学家开始用科学方法来研究快乐的根源。究竟让人感到幸福快乐的是金钱、家庭、基因，还是美德？首先，得先定义要测量的对象。一般对于快乐普遍接受的定义是“主观感到幸福”。依照这个观点，快乐是种个人内在的感受，可能是因为当下直接的快感，或是对于长期生活方式的满足；如果这是内部的感受，又要怎样才能由外部测量呢？一种做法是直接询问受试者，问问他们的感受如何。所以心理学家和生物学家就请受试者填写关于幸福感的问卷，再计算相关统计结果。

正因为人类的期望如此重要，想要了解快乐这件事的历史，就不能不检视各种期望的影响。如果快乐只受客观条件影响(例如财富、健康和社会关系)，要谈快乐的历史也就相对容易。但我们知道快乐有赖于主观的期望之后，历史学家的任务也就更为艰巨。对现代人来说，虽然有各种镇静剂和止痛药任我们使用，但我们越来越期望能得到舒适和快感，也越来越不能忍受不便和不适。结果就是我们感受到的痛苦程度可能还高于我们的先人。

生物学家认为，我们的心理和情感世界其实是由经过数百万年演化的生化机制所形塑。所有的心理状态(包括主观幸福感)并不是由外在因素(例如工资、社会关系或政治权利)来决定，而是由神经、神经元突触和各种生化物质(例如血清素、多巴胺和催产素)构成的复杂系统而定。

历史上，只有一项发展真正有重大意义。现在我们终于意识到，快乐的关键就在于生化系统，因此我们就不用再浪费时间处理政治和社会改革、叛乱和意识形态，而是开始全力研究唯一能真正让我们快乐的方法：操纵人类的生化机制。如果我们投入几十亿美元来了解我们的脑部化学，并推出适当的疗法，我们就能在无须发动任何革命的情况下，让人过得远比以前的人快乐。举例来说，百忧解（Prozac）之所以让人不再沮丧，靠的就不是对任何体制的改革，而只是提高血清素的浓度。

讲到这套生物学理论，最能抓到精髓的就是著名的新世纪口号：“快乐来自内心。”金钱、社会地位、整形手术、豪宅、握有大权的职位，这些都不会给你带来快乐。想要有长期的快乐，只能靠血清素、多巴胺和催产素。

但这也就是说，我们对生活所赋予的任何意义，其实都只是错觉。不管是中世纪那种超凡世的生活意义或是现代人文主义、民族主义和资本主义，本质上都完全相同，没有高下之别。像是可能有科学家觉得自己增加了人类的知识，所以他的生命有意义；士兵觉得他保卫自己的国家，所以他的生命有意义。不论是创业者想要开新公司，或是中世纪的人想要读经、参与圣战、兴建新庙，他们从中感受到的意义，都只是错觉与幻想。

这么说来，所谓的快乐，很可能只是让个人对意义的错觉和现行的集体错觉达成同步而已。只要我自己的想法能和身边人的想法达成一致，我就能说服自己，觉得自己的生命有意义，而且也能从这个信念中得到快乐。

这个结论听起来似乎很叫人难过。难道快乐真的就只是种自我欺骗吗？

自由主义政治的基本想法，是认为选民个人最知道好坏，我们没有必要由政府老大哥来告诉人民何者为善、何者为恶。自由主义经济学的基本想法，是客户永远是对的。自由主义艺术的基本想法，是各花入各眼，看的人觉得美就是美。自由主义的学校和大学，叫学生要为自己多想想。广告叫我们："做就对了！"就连动作片、舞台剧、八点档、小说和流行歌，都不断在洗脑："忠于自我""倾听你自己""顺从你的渴望"。对于这种观点，卢梭的说法称得上是经典："我觉得好的，就是好的。我觉得坏的，就是坏的。"

如果真是如此，我们过去对于快乐这件事的历史认知，就有可能都是错的。或许，究竟期望是否得到满足、感受是否快活都不是重点，真正重要的问题在于人类是否了解自己。我们有什么证据证明今天的人比起远古的采集者或中世纪的农民更了解自己呢？

学者一直到几年前才开始研究快乐这件事的历史，而且现在还停留在最初的阶段，正在做出初步的假设，寻找适当的研究方法。这场讨论才刚刚起步，要得出确切的结论还为时过早。最重要的是要了解各种不同的研究方法，并且提出正确的问题。

大多数的历史书籍强调的都是伟大的思想家、英勇的战士、慈爱的圣人，以及创造力丰沛的艺术家。这些书籍对于社会结构的建立和瓦解、帝国的兴衰、科技的发明和传播，可说是知无不言，言无不尽。但对于这一切究竟怎么为个人带来快乐或造成痛苦，却是只字未提。这是我们对于历史理解的最大空白之处。而且，现在该是补上的时候了。

【评述】

作者把“快乐”作为判断人生善与不善的重要概念或标准，好像也是判断“进化”程度的标准。不论列举的现象是否准确，这种历史观点不是正道，也不是本质性概念。模糊了人生的目的性，淡化了人道与天道的关联，同时也否定了宇宙本体存在的意义。

快乐与不快乐是生命完成使命过程中展现出的二象性，就像粒子的波性与粒子性那样“同出而异名”“玄之又玄”。在快乐与不快乐的过程中，依然体现“损补定律”，终归是无为自然。下面摘录我著的《老子哲学体系纲要》有关使命和互补原理的论述。

量子学家玻尔的互补原理是这样表述的：波和粒子在同一时刻是互斥的，但在一个更高的层次上却可以统一起来，作为电子的两面被纳入一个整体概念中。这是宇宙微观层次的基本规律，同时也展现一个朴素而深邃的众妙之道——“此两者同出而异名，同谓之玄”。《老子》的宇宙观认为宇宙的两面性是“无”与“有”，宇宙的同一性是“道”。“无”与“有”的分与合，是一个“玄之又玄”的过程。《老子》的人生观是宇宙观的落实，外在是观“有”，内在是观“无”，统一起来是观“玄”，这是一个不断提升的认知路线。如果分开来看，人生观照的是两个世界，一个是外在世界，一个是内在世界，二者是平行的，也是交会的，道运行其中，没有道就没有这两个世界。目前的人类社会分出了许多学科、许多行业，比如生物学、心理学、物理学、数学，其中有些学科又分得更细，每个分类都会产生各自的观点，因此往往忽略了最简单、最基本的认知路线。《老子》哲学主导着认知世界、宇宙、社会人生的总路线，以此发挥生命的整体活力。

人生本身确实有个内在世界，就像宇宙有深度广度一样，内在世界也有深度和广度。《老子》言“玄德深矣远矣，与物反矣”，既是讲宇宙，也是讲人生。生命有一个深远善美的内在网络世界。“玄德”好比是量子力学的“波”，是非物质态，运行于网络之中，有如脉冲一样，“道冲而用之或不盈”，大公大容，生生之厚。不要认为我们的内在是一个点或一个平面，或者是一个外在皮肤包裹的狭小空间，它是非常广阔而丰富的，就像大宇宙的虚无之处，不只是暗能量、暗物质以及黑洞，那是“万物之奥”。内在世界是随着心态展开的，观照“无”，观照“有”，一心无二即观“玄”。“玄”是内在世界的生命光彩，是生命前行高举的境界，是“无”与“有”的互补，一心一德，两全其美。道在外在世界网络中运行，也在内在世界网络中运行，在高层级上是同一的网络。因此说，道的功能与作用潜隐在人生内在世界深处，那是“精”与“信”构成的“窈兮冥兮”的时空，是无名之“朴”。《老子》认为这是善人发挥作用的法宝，是不善人转化的依据，关键在于实行“玄之又玄”的认知路线，向内追寻，虚心修身，无有互补，就会产生“无中生有”的效应。

我是谁？我就是“无”与“有”的互补，生命就是内在世界与外在世界的同一，人生是“玄”的认知与践行过程，总而言之，都是道德的奥妙。人活着往往过多观照外在，比如五色、五音、五味等令人眼花缭乱、心旌摇曳。但当人类进入 21 世纪，面临着更新观念的挑战，闻道自省，重视观照内在，不要忽略人类之“大”的瑰宝，不要降低与宇宙的原本联络，用《老子》的宇宙情怀构建起对“道”的核心信念，“为腹不为目”。

5. 智人末日

本书一开始，提到我们是从物理学走向化学，走向生物学，然后走向历史学。而无论是物理作用、化学反应，或是生物的自然选择，都对智人和其他一切生物一视同仁，殊无二致。虽然说在自然选择这一块智人的发挥空间似乎远大于其他生物，但毕竟仍然有限。换句话说，不论智人付出了多少努力，有了多少成就，还是没办法打破生物因素的限制。

然而，就在 21 世纪曙光乍现之时，情况已经有所改变：智人开始超越了这些界限。自然选择的法则开始被打破，而由智慧设计的法则取而代之。

在将近四十亿年的时间里，地球上每一种生物的演化都是依循着自然选择的法则，没有任何一种是由某个具有智慧的创造者所设计的。以长颈鹿为例，它的长颈是因为远古时代长颈鹿原型之间的竞争，而不是因为有某个具有超级智慧的生物所操控。在长颈鹿原型之间，脖子较长的就能够得到更多食物，相较于脖子短的，也就产下较多后代。没有人(肯定也没有长颈鹿)曾经说过：“如果有比较长的脖子，就能让长颈鹿吃到树顶上更多叶子。所以我们就让脖子变长吧!”达尔文理论美妙的地方，就是并不需要有某位智慧过人的设计者来解释为什么长颈鹿会有长脖子。

全世界的生物学家现在都正在与智慧设计这场风潮相对抗。智慧设计反对所有我们在学校里学到的达尔文演化论，而且认为既然生物如此复杂各异，想必是有某个创造者从一开始就想好了所有的生物细节。生物学家说对了过去，但讽刺的是，讲到未来，有可能智能设计才是对的。

本书写到这里的时候，有三种方式可能让智慧设计取代自然选择：生物工程、仿生工程与无机生命工程。

虽然我们目前确实还无法创造出超人类，但看来前方的路上也没有什么绝对无法克服的科技障碍。现在真正让人类研究放慢脚步的原因，在于伦理和政治上的争议。然而，不管现在的伦理论点如何有说服力，未来的发展似乎势不可当；特别是这有可能让我们无限延长人类生命，解决各种疑难杂症，以及强化人类认知和情感上的能力。

举例来说，如果我们本来只是想治疗阿尔茨海默症，但发现药物的副作用是大幅增进一般健康民众的记忆力，又该如何？这种研究挡得住吗？而等到药物开发生产之后，会有哪个执法机关能够规定仅可用于治疗阿尔茨海默症，一般人不得用以取得超级记忆力？

我们现在还不知道生物工程是不是真能让尼安德特人再现，但这很可能将为智人拉下终幕。操纵基因并不一定会让智人大批死亡而绝种，但很可能会让智人这个物种大幅改变，到最后就成了另一个物种，而不宜再使用“智人”这个名称。

现在再来谈第二种可能改变生命法则的新科技：仿生工程。仿生工程结合有机和无机组织，创造出“生化人”，例如为人类装上生化手就是一例。从某种意义上说，现代所有人几乎多多少少都是生化人，用各种其他设备来辅助我们的感官和能力，像是眼镜、心脏起搏器、辅具，甚至还包括计算机和手机(这样一来就能减轻一些大脑要储存及处理数据的负担)。但我们正要迈入一个要成为真正生化人的门槛，真正让一些无机组织与身体结合而不再分开，因而会改变我们的能力、欲望、个性以及身份认同。

然而，在所有目前进行的研究当中，最具革命性的就是要建构一个直接的大脑到计算机的双向接口，让计算机能够读取人脑的电子信号，并且同时输回人脑能够了解的电子信号。如果这种设备成功，再直接将大脑连上网络，或是让几个大脑彼此相连，形成“脑际网络”，情况会如何？

这样的生化人就不再属于人类，甚至也不再属于有机生物，而是完全不同的全新物种。这一切是根本上的改变，其中的哲学、心理和政治影响可能都还不在我们的掌握之中。

第三种改变生命法则的方式，则是创造出完全无机的生命。最明显的例子，就是能够自行独立演化的计算机程序和计算机病毒。

这不是科幻小说的情节。大多数的科幻小说里，讲的是像我们一样的智人，拥有光速宇宙飞船和激光枪之类的先进科技。这些小说里的伦理和政治难题多半和我们的世界如出一辙，只不过是把我们的情感和社会问题搬到未来的场景重新上演。然而，未来科技的真正潜力并不在于改变什么车辆或武器，而在于改变智人本身，包括我们的情感、我们的欲望。宇宙飞船其实只是小事，真正会惊天动地的，可能是能够永远年轻的生化人，既不繁衍后代，也没有性欲，能够直接和其他生物共享记忆，而且专注力和记性是现代人类的一千倍以上，不会愤怒，不会喜悦……

所以，关于未来的数字物种，可以说现在谁都还说不准。上面提到的所有理想或说是梦魇，其实只是为了刺激大家的想象。我们真正应该认真应对的，是在于下一段历史改变不仅是关于科技和组织的改变，更是人类意识与身份认同的根本改变。这些改变触及的会是人类的本质，就连“人”的定义都有可能从此不同。文明还有多久时间？没有人真正知道。如同前面所提，有人认为到了 2050 年，就有少数人能够达到长生的状态。一些不那么激进的预测，则说时间点是在下个世纪或是下一个千禧年。然而，如果从智人长达七万年的历史来看，几千年又算什么呢？

……

在七万年前，智人还不过是一种微不足道的动物，在非洲的角落自顾自地生活。但就在接下来的几千年间，智人就成了整个地球的主人，生态系统的梦魇。时至今日，智人似乎只要再跨进一步就能进入神的境界，不仅有望获得永恒的青春，更拥有创造和毁灭一切的神力。

但遗憾的是，智人在地球上的所作所为，实在没有太多令人自豪的。虽然我们主宰了环境、增加了粮食产量、盖起城市、建立帝国，还创造了庞大的贸易网络，但全球的痛苦减少了吗？一次又一次，虽然整体人类的能力大幅提升，但却不一定能改善个别人类的福祉，而且常常还让其他动物深受其害。

在过去的几十年间，至少就人类的生存条件而言有了确实的进步，饥荒、瘟疫和战争都已减少，然而其他动物的生存条件却是以前所未有的速度急剧恶化。而且就算是人类相关的改进，也还需要很长时间观察才能判断是否利大于弊，是否能够延续。

【评述】

作者在《智人末日》这一章里把原本的宇宙人生引向了无路可走的地步，改变了人类本身的定义，将“生化人”作为人类进化的模式，离经叛道，多言数穷。

要厘清作者的问题，首先要明确哲学与科学的相关性。书中所言的“生物工程”“仿生工程”与“无机生命工程”都是哲学的展开形式，都包括在“量子诠释”概念之中，是人类核心存在——“道大，人亦大”的绽放与发挥。

科学技术前沿成果，也是人类智慧由内在世界向外在世界的浮现与发挥，是自然的自己解放自己，是文明的“自化”与进步。如果感到科学的神奇和不可思议，那正是与宇宙同等之大的人类自己的神奇和不可思议。因此，作者的“智人末日”是自己否定自己，“不识庐山真面目，只缘身在此山中”。道在心中，科学一切之法皆在人类文明自身之中，“执大象，天下往”永远是人类文明演化的形势。

第二个需要厘清的问题是，人类进化的模式不是达尔文生物进化的模式，不是从低级到高级的进化，也不是从野蛮到文明的进化。人类的发生发展是以“道法自然”“天人合一”为主导的大道哲学为方向，其总体路线是“道大，人亦大”的展开过程。比如“操纵基因”的技术、治疗“阿尔茨海默症的药物”“自行独立演化的计算机程序”等，作者称其为“生态系统的梦魇”，实际上是人类文明前行过程的创新成分，依然是“法天、法地、法道、法自然”的天人合一进化程序。

第三个需要厘清的问题是，做历史学问不应脱离哲学的根本原则，对历史的阐述必须建立在“为往圣继绝学”的立场之上，除此之外都是“多言数穷”的闲话妄语。比如作者列举“智人末日”的一些现象和种种科学技术项目以及由此引发的后果，依据的是达尔文进化论和没有源头的生物进化观念，而不是“轴心时代”的圣哲经典，不可成为“尊道贵德”的学问，也不符合“为天地立心，为生民立命”的宇宙观和生命哲学。

第四个需要厘清的问题是，观照目前与未来的人类文明应该采取“量子诠释”的方法论，也是“天人合一”的良知。“量子诠释”的主要内容是：以人类智慧的前沿成果（如量子力学、相对论、天体物理学的新发现等）融会训诂学，对“轴心时代”的圣哲经典做出理解与说明。我们将“天人合一”“命运共同”设立为新时代的哲学主题，应该是对“智人末日”的“量子诠释”式的纠正。

最后，需要反复强调的是：人类文明是“道大，人亦大”的展现与发挥。

第四编　谈《文明的冲突》

重点谈论《文明的冲突》第五部分：文明的未来。

《文明的冲突》一书的前四部分都是讲过去的事件，世人也有所了解的。大多数内容是司空见惯的常识，因此，本文没有做逐章逐项的评述。

《文明的冲突》的第五部分——文明的未来，涉及眼下的世界形势和人类文明的前景，一些主要观点需要认真讨论并予以纠正，因为关乎宇宙人生的原本存在。

一、关于西方的复兴

亨廷顿认为：西方可能经历一个复兴阶段，扭转对世界事务影响力下降的局面，再次确立它作为其他文明追随和仿效的领袖的地位。

【评述】

这是一个很失准的判断，其依据也是软弱无力。亨廷顿所说的复兴主要是指美国，而美国现在已经陷入了迷途难返的境遇。其原因是在主导性文明方面出了问题，群体在方向上出了问题，也可以归结为在哲学上出现了路线偏离，丧失了复兴的机会。就像大英帝国一样，回缩到自身存在的家园。圣哲言："强梁者不得其死。""取天下常以无事；及其有事，不足以取天下。""不自为大，故能成其大。大者宜为下。"美国的基本形势违背了世界文明的走向，肆无忌惮地践踏宇宙人生原本的准则，忘却“天之道”与“圣人之道”。比如自以为天下老大，完全是一个强梁者的身份；恃强凌弱，欺行霸市，动辄以武力或财力侵犯制裁其他国家，扰乱了世界秩序。所以说美国的没落首先是文明的没落，随之而来的是整个国家实力的没落，“不道早已”（《老子》三十章）。不遵循原本大道，即使再强大也会提前衰败，不会有亨廷顿所预测的复兴。我们的结论是：霸权阻止了美国的文明复兴，并且短时间内也难以扭转。

亨廷顿认为美国如果与西方认同就能够确定成为西方文明的领袖，同时也可能“对世界其他地区发号施令”。他的理由是多元化与美国和西方文化的冲突，“美国和西方的未来取决于美国人再次确认他们对西方文明的责任……不论亚洲和美国社会之间存在着怎样的经济联系，根本方式的文化差异将使二者无法共居一室”。《文明的冲突》一书列举许多历史事件的目的是要说明人类发展过程中的主要活动是“文明冲突”，因此西方与美国的复兴是需要在对抗亚洲文明（主要是指中国）的冲突中才得以完成。明眼人都会看出这是以美国式或西方式的“文明冲突”来解决多元文明的存在，最重要的目标是要以“冲突”为根据压制打击亚洲文明。作为历史学家而言这是一个极不负责任的思考，是对“强梁者”可悲的辩护。我们的简要评论如下。

【评述】

人类与大宇宙同源共生，从“三生万物”开始人类就具备着大宇宙的品格——“道大，人亦大”。“天之道，利而不害。圣人之道，为而不争。”（《老子》八十一章）“利而不害”、“为而不争”、万邦协和、命运共同的基本原则贯彻在人类文明的整个历史长河之中。国家、群体、家族、个人为了生存与发展必然要获得利益，也会有形形色色的竞争，但是宇宙人生系统中有个原本性法则——“无为”，就是获利和竞争不能过分，过分了就要“损之又损，以至于无为”。这是宇宙间的自控程序，称为“道法自然”。简而言之，人类文明的总结性概念就是“利而不害”“为而不争”，这也是对“文明冲突”的否定。

进入量子时代，要增益对内在文明的认知。《文明的冲突》一书主要讲的是外在文明的事件，所谓的“冲突”也是显在的现象。对于宇宙人生的整体而言不一定涉及本质，更没有涉及“道大，人亦大”的关联性。谈到内在文明，这是一个划时代的思考。没有量子时代前沿智慧的展开形势，人类很难理解自身与大宇宙、暗能量、暗物质的不断深入和神奇的关联性，同时坚定地树立起生命伟大和谐的自信。首先，我们确认“轴心时代”的一个哲学理念：“道法自然”“天人合一”是人类内在文明的生存理念。新时代的文明主题是：道法自然，命运共同。量子纠缠、量子互补原理、量子不可思议的复归原本的速度等等提升了经典诠释的高度和广度，令人类看得清文明的前景——合作大于冲突，文明由内在决定。

《文明的冲突》对多元文明的看法也有很大的偏差。它认为“多元文化主义者与西方文明和美国信条维护者之间的冲突……是一场真正的冲突”。看来作者是想把“冲突”普世化了。从目前的世界状况来看，是美国以“文明霸权”的姿态向多元文明发起制裁、压制和侵略性的“冲突”。哪里有文明的乱象，哪里就有美国式的“冲突”。另外《文明的冲突》对多元文明也没有梳理出一个总体路线。宇宙的基本原理是二象性，“万物负阴而抱阳，冲气以为和”“一阴一阳之谓道”。二象同一是由量子的波粒二象性诠释的。人类文明也是二象性的，我们以东西方哲学为代表，是纲领，是引领者。多元文明必然同一在纲领之上，纲举目张。因此，美国文明是西方文明的一部分，或者是有代表性、主导性的一部分，曾在牛顿力学时代引领过世界。但是人类文明是东西方哲学交替性引领的，到了量子时代必然转移到由东方哲学引领世界，同时也会带来中华文明的伟大复兴。

二、世界之中的西方

亨廷顿认为：“西方的普世主义信念断定全世界

人民都应当信奉西方的价值观、体制和文化，因为它们包含了人类最高级、最进步、最自由、最理性、最现代和最文明的思想。”虽然他也轻描淡写地说出了三个问题，“它是错误的；它是不道德的；它是危险的”，但是他依然宣传西方文明“独一无二”的特性。“西方文明与其他文明的不同之处，不在于发展方式的不同，而在于它的价值观和体制的独特性。这些特性包括最为显著的基督教、多元主义、个人主义和法制，它们使得西方能够创造现代性，在全球范围内扩张，并成为其他社会羡慕的目标。这些特性作为一个整体是西方所独有的。正如小阿瑟·施莱辛格所言，欧洲是‘个人自由、政治民主、法制、人权和文化自由思想的发源地，是唯一的源泉’。这些思想是欧洲的思想，而不是亚洲非洲或者中东的思想，除非被它们所接受。这些特性使得西方文明成为独一无二的文明。西方文明的价值不在于它是普遍的，而在于它是独特的。因此，西方领导人的主要责任，不是试图按照西方的形象重塑其他文明——这是西方正在衰弱的力量所不能及的——而是保存、维护和复兴西方文明独一无二的特性。由于美国是最强大的西方国家，这个责任就不可推卸地主要落在了美利坚合众国的肩上。”最后亨廷顿道出了他的主要观点：“采取与欧洲伙伴紧密合作的大西洋主义政策，保护和促进大家共同拥有的独一无二的文明利益和价值观，才能够最有力地促进美国的利益。”

这一套理论是《文明的冲突》一书要落实的核心内容，也是对未来文明的预测，也是美国称霸世界的理论依据。我们做出如下批评。

【评述】

人类文明从宇宙人生的源头说起就具备了“道大，人亦大”的涵量与奥妙，其中包容着与大宇宙相当的内在文明与外在文明。在不同的历史时期展开与发挥相应的文明光彩，如此运行就是人类文明的进化总体路线。西方文明的主导性内容，比如自由、民主、法制、人权等都潜隐在人类共有的文明根基之中，在牛顿力学时代展开得相对充分并散发出引领性的作用。但它只是宇宙二象性总体规律的一个方面，有如波粒二象的不确定性，都有个惚恍同一的过程，把握得不当就会提早转换为另一个方面，这就是圣者所言“不道早已”。我们以西方的“自由”为例简评如下：西方的哲学认为人类存在的本质就是自由，并在法律中确定下来。东方哲学没有强调“自由”的概念，而是把“自由”包含在“自然”的概念之中，也就是“人法地，地法天，天法道，道法自然”的大范畴之中。

《老子》哲学“自然”的概念包括以下内容：自宾、自均、自知、自胜、自化、自定、自正、自朴、自爱、不自为大。这是从宇宙观、生命观的原本视野观照“人类存在的本质”，是从“道大，人亦大”的

“大我”涵量来解答“自我”的自由之问。宇宙时空万类是相互关联的网络存在，不存在孤立的“自由”，也不存在独享的命运。命运共同或自然的自由应该是量子时代的文明倾向，或是“人类存在本质”的祛蔽和突显。《文明的冲突》把“自由”“民主”“人权”等口号树立为美国文明复兴的旗帜，幻想着将世界聚集在大旗之下，往矣。他们把“自由”“民主”“人权”用得过分，对待世界是双重标准，不是“同出而异名”，眼下正在遭受“无为”规则的否定，损而又损，直至“无为而无不为”。人类品格也是宇宙品格的一部分，没有孤立的存在，就像宇宙之光一样，孤立的光子是不会存在的，只有恒星自然聚合性的光子才能照亮宇宙。

三、文明间的战争与秩序

本节作者主要讲的是美国与中国之间的战争，显然是脱离文明主线的虚构，并且牵强附会地把文明列为战争的缘由。书中讲：“这样的战争可能由不同文明集团间的断层线战争升级而引发。”“引发文明间全球战争的更为危险的因素，就是各文明之间其核心国之间均势的变化。如果中国的崛起和这个‘人类历史上最大角色’的日益自我伸张继续下去，就将在 21 世纪初给世界的稳定造成巨大的压力。中国作为东亚和东南亚支配力量的出现，与历史已经证明的美国利益相悖。”

【评述】

首先需要更正的是：不是文明冲突引发了战争，而是文明引领世界走向和平。战争是人类初级阶段的不成熟的行为，就像宇宙星系组建之初，粒子间的碰撞是必然的，最终要“冲气以为和”形成善美的秩序。人类的历史上有家族间的战争，有部落群体间的战争，有种族之间的战争，有国家之间的战争，一旦进入全球共同体、共命运阶段，就会自觉地纳入同一性的宇宙秩序之中，战争也会随之偃旗息鼓，大道行天下，“安平太”。

目前的战争或敌对，无论是中东、亚洲还是非洲，大都是与美国不文明的行为有关。他们没有敬畏，没有全球纲领性的原则可以遵循，抱守的是美国第一的霸权主义；为了自身利益打击、制裁、侵犯其他民族和别国利益，哪里有战争哪里就有“强梁者”的身影，忘乎所以。东西方都有同样的古训：天欲亡之，必先狂之。西方的表述是：神欲使其灭亡，必先使其疯狂。如果美国依然缺乏自知之明，那么在21世纪的前期就会迅速地走向衰退。“天之道，利而不害。”天之道不可违！

亨廷顿对中国的看法缺乏对人类文明历史来龙去脉的观察，是一孔之见。他粗陋地定论：中国的崛起

“与历史已经证明的美国利益相悖”，并且假设了美国与中国间的战争形式，同时也设想了中国与其他国家的战争，有些设想已经脱离了一个正直历史学家的良知。他说：“中俄之间的战斗促使北约接纳俄罗斯为成员国，与它合作抵御中国对西伯利亚的入侵，并维持俄罗斯对中亚富有石油和天然气的穆斯林国家的控制，同时还促进藏族、维吾尔族和蒙古族人反对中国的统治，逐步调动和部署西方和俄罗斯军队东进西伯利亚，旨在越过长城向北京、满洲和汉族中心地带发起最后的攻击。”亨廷顿三十多万字的著作最后落脚在他的预测上，他的“以古鉴今”是文明冲突引发了战争，谁与美国利益相悖谁就要负起战争的责任，完全没有历史的公正可言，是妄言人类文明的前景，是对“天之道”“圣人之道”背叛性的失敬。

【评述】

老子言：“多言数穷，不如守中。”既然《文明的冲突》一书把中国的崛起作为一个重点，我们也重点地讲一讲中国文明。中国的崛起也是中华文明的伟大复兴，是东方哲学引领世界的一面高高飘扬的旗帜，以“道大，人亦大”的宇宙情怀树立起人类文明的榜样。21 世纪的人类文明经过大转型的洗礼，必定展开一个与以往大不相同的崭新场景，是一幅以“天人合一”“命运共同”为主题的人类文明的画卷。中华民族文明主线一直遵循着“天之道”与“圣人之道”，“道法自然”“天人合一”是中华文明内在的生存理念，也是世界文明的主导性理念。几千年来中华民族一直坚守着慈俭合作、“利而不害”的原则与世界交往共事，从未有倚仗武力或经济实力侵犯欺凌压迫其他国家，也没有因为其他帝国的入侵而割断中华文明的延续。它是不间断的复兴再复兴，而今又是一次引领世界的伟大复兴。历史上的许多国家都是有没落而没有复兴，因为它们违背了“天之道”和“圣人之道”。以往的英国是如此，眼下的美国如果不改过自新，也将如此。进入量子时代，人类也会自觉地开启前瞻性的智慧眼光，理智地寻找那颗最亮的星，普散着人类文明的光彩。在此，我们可以断言，亨廷顿所假设的 21 世纪与中国有关的战争不会发生，那是蛊惑人心的“多言”。中华文明的兴起只能给人类带来和平与进步，带来宇宙人生的福音。近代史也好，古代史也好，都是如此，史学家应该看好这一历史明镜。

四、文明的共性

人类文明和宇宙生命体系具有同一性，是以“天之道”“圣人之道”为纲领自然展开的历史网络场景。圣哲之思是人类文明的引领者，是人类赖以生存的主要精神财富，每到转折关头，依然会燃起火焰，照亮前行的方向。在讨论“文明的共性”课题时，必须明确文明的原本认知根据及其主要运行规律。

首先讨论“多元文明”的问题。从源头上说起，宇宙万类都离不开二象性，多元是二象范畴内的多元，并且一以贯之，就像波粒二象性那样，“同出而异名”。所以无论是多元文化的世界，还是多元文化的美国，都归属于东西方两大文明的同一性。在世界文化当中最具同一性的是哲学，东西方哲学交替性地引领世界，这是人类文明史总体发展形势。《文明的冲突》一书列举许多文化现象和文化概念：“道德和文化的相对主义”“普世主义”“文化是相对的”“道德是绝对的”“最低道德”“文化共存需要寻求大多数文明的共同点”等等。人类文明的共性不是在“最低道德”线上的平衡，是文明二象性上的同一性，也就是交替性地同一在东西方文明的纲领上。文明纲领由“轴心时代”的哲学表述和弘扬。进入21世纪，“文明的共性”体现在东方哲学的展开场景。“道法自然”“天人合一”“命运共同”“以民为本”“友谊和平”等原本自然的理念将迅速形成一个主导性的世界风气。文明风气的形成不只是人为的，而是宇宙内在自控体系使然，“人法地，地法天，天法道，道法自然”。人类文明的共性是“法自然”，自然是一个无限性的存在。量子纠缠诠释的是人类内在文明的相互纠缠、至柔互补、绵绵若存的宇宙情怀（人生之道），包含着玄之又玄的共同命运。量子时代的一切高明的科学新发现、新创造都是人类原本文明存在的展开形式，也称为“哲学的展开形式”。这就是人类自身的文明实在，是和宇宙同等之大（道大，人亦大）的进化性“现身”。量子的玄德状态既是天之道，也是人之道，终极是天人合一之道。可以说，人类的文明史也是宇宙的文明史。

《文明的冲突》一书的作者一直在追问一个问题，也是他一直感到迷茫的问题：“人类文明是否有一个进化的总体路线，并且能自觉地统一行动？”从人类历史的开端写到现在，作者一直没有说清楚这个问题，同时对未来也没有看好。他说：“一个全球的‘黑暗时代’也许正在降抵人类。”我们引用他的一段较长的文字如下：“那么问题是，人们如何标示出人类文明发展的起伏？是否存在着一个世俗的、超越个别文明的、向更高水平的文明发展的总趋向？如果这一趋向确实存在，它是否是现代化进程的产物（这一进程增强了人类对生存环境的控制能力，因而产生水平越来越高的先进技术和富裕的物质生活）？在当今时代，更高水平的现代化是否是更高水平的文明的先决条件？抑或是文明水平升降主要存在于各文明的历史之中？这个问题是关于历史发展是直线式的还是循环式的辩论的另一种表现形式。和平与文明的未来都取决于世界各大文明的政治、精神和知识领袖之间的理解和合作。在文明的冲突中，欧洲和美国将彼此携手或彼此分离。在文明和野蛮之间的更大的冲突，即全球性的‘真正的冲突’中，已经在宗教、艺术、文学、哲学、技术、道德和情感上取得了丰硕成果的世界各伟大文明也将彼此携手或彼此分离。”

对《文明的冲突》一书的上述问题，做如下简短的解答和哲学批判。

【评述】

人类历史的发生发展是有所遵循和敬畏的，由此形成了“天人合一”的总体进化路线。“轴心时代”圣哲有言：“畏天命，畏大人，畏圣人之言。”是指在宇宙人生的历史长河之中，人类要敬畏遵循宇宙的生命规则，要尊重承继圣哲经典。我们重点讲一讲“为往圣继绝学，为万世开太平”，也就是“畏圣人之言”。“轴心时代”圣哲经典中的宇宙观、生命观构建了没有时限性的人类文明运行的总原则和总路线，世界就是如此“执大象，天下往；往而不害，安平太”，这是道法自然的宇宙文明内在情景，不受外在世界“过分有为”的干扰。宇宙是由二象性的内外世界纠缠着、演化着，无中生有、有无相生、生生不息。显在宇宙是由潜隐的暗宇宙中纠缠恍惚而出，“道隐无名”。人类文明也是由玄奥的内在世界升起，展开“玄德”的“天下式”，是以呈现文明的善美本质。此段评述可从以下经典中理解：“玄德深矣远矣，与物反矣。”“知其白，守其黑，为天下式。为天下式，常德不忒。”只有在思维中坚守着“为往圣继绝学”的信奉，才能认清“文明进化的总体路线”的存在，因为那是“深矣远矣”的“玄德”。

东方哲学也可称为大道哲学，主要阐述的是“天之道”和“圣人之道”，是人类文明总体路线和核心精神，也是观照历史的总根据和指导思想。另则，要树立前瞻性的历史观，必须把握“量子诠释”的学习方法，以重新解读原本经典，令科学为哲学展开一个文明时空的新场景。“量子诠释”的理论根据是：哲学是科学的纲领，科学是哲学的展开形式。哲学引领科学，既是宇宙原本概念的内涵，也是当代文明的前沿现象。

“量子诠释”涉及科学与哲学的相关性，涉及科学前沿成果比如人工智能在人类文明场景中所发挥的作用。简单地讲，量子力学、相对论和人工智能所表述的公式、概念以及展现的丰富多彩的玄妙气象和场景，都是原本哲学的展开形式，也是人类自身核心存在的自然发挥，是内在世界向外在世界转化的“道法自然”。“人法地，地法天，天法道，道法自然”是指人类原本智慧的展开与发挥过程。“道”是宇宙的原本存在，也是人类文明生命的核心存在，圣者也称之为“朴”，“朴虽小，天下莫能臣”。人类之“朴”具备着“道大、天大、地大”同等样式的品质和能力，并且与宇宙协同地自然展开。宇宙的自然也是人类的自然，“道大，人亦大”。不要质疑或小觑人类之“朴”，它就像星系中心存在黑洞那样自然，也像希格斯场无中生有地令粒子获得质量那样不可思议。所以，人工智能等一切科学的绽放都是人类文明“此在”的登场，人类既是主角也是观众。“我自然”是宇宙人生的自控体系，人工智能等科学的发展形态完全在宇宙人生的自然把控之中。“万物莫不尊道而贵德”，文明路线是“曲则全”。

《文明的冲突》一书从始至终没有离开过宗教，但是很少谈哲学的重要性，更没有谈哲学与宗教的关系，对到底是谁主导和引领文明没有决定性的判断。圣哲有言，道在宗教之先，哲学在宗教之上。先哲首先创建的是哲学，宗教奉哲学为经典教义发展成有组织的意识形态。哲学是文明最源头的引领者，宗教次之。在人类文明的整体形态中，宗教是对哲学的一种诠释，影响广泛并深远。但是置身在当今和未来的文明场景中，宗教诠释已经大大降低了复归与创新的活力，已经丧失了至高无上的光环。相继而起的是“量子诠释”，是人类之“朴”最前沿的展开形式，生机勃勃。

《文明的冲突》一书最后以新加坡为例描述文明的前景，实际上全书的主要倾向是表述美国和西方文明的复兴可能。我们认为此观点与历史前程有很大的差距，现以中国文明的生存状态为例阐明未来文明的可能性。目前中华民族的核心领导人群体，带领创造历史的广大人民群众继承与发扬持续不断的主流文化，开创了可供世界参考与效仿的人类进步场景。比如面对人类百年来发生的最严重的新冠病毒大流行，只有中国领导人群体持守着大爱无疆的宇宙观、生命观，强调人民为本、生命至上的命运与共道德理念，倡导天下一家的道德担当，举国同心取得了震撼世界、影响广泛的维护生命健康之功绩。近百年来，中国领导人群体是时代的榜样，“江海所以能为百谷王者，以其善下之”（《老子》六十六章）。

再举一个影响世界文明的历史场景。到 2020 年，中国八百三十个贫困县、四千三百三十五万贫困人口全部脱贫，这将超过全球其他国家过去三十年脱贫人口总和。这个事实包含着人类的共同目标，也是人类追求“安平太”的境界，同时也必定是世界各国领导人将要分享的哲学课题。

处理国与国的关系是国家领导人的重要工作，这涉及世界未来的走向。东方哲学引领世界落实到国与国的关系上，也就是以纲举目张的形式影响国际关系网络，“天网恢恢，疏而不失”。自 2012 年以来，中国倡导人类命运共同体的新理念并大力推行“一带一路、合作共赢”，是世界性的知行合一，这就是“为天下开太平”之道，“天之道，利而不害，圣人之道，为而不争”。十年之内人类必定会走上广泛合作之路。在此要提一下达尔文，在中国体系的哲学中，不存在物竞天择和猴子化人的理念，达尔文的竞争理论缺乏原本性依据，因此在观照历史时不应受其左右。西方有一段时间展开的是殖民争夺历史，依靠科学与经济发展起来的武力征服全世界。中华民族以往的兴衰史和现代发展壮大的历史，从来没有以武力向外扩张，从来没有靠侵略与掠夺丰富自己。中国全面迅速的发展靠的是独立自主、自力更生的伟大民族精神，尊道贵德，道法自然，这是人类文明的榜样，也是 21 世纪在世界范围内必然展开的精神风貌。命运共同的理想是中国的，也是世界的。